海上絲綢之路基本文獻叢書

古代中日關係之回溯

中暹關係史

李毓田 著／黎正甫 著

文物出版社

圖書在版編目（CIP）數據

古代中日關係之回溯 / 李毓田著． 中暹關係史 / 黎正甫著． -- 北京 : 文物出版社， 2022.7
（海上絲綢之路基本文獻叢書）
ISBN 978-7-5010-7647-5

Ⅰ．①古… ②中… Ⅱ．①李… ②黎… Ⅲ．①中日關系－國際關係史－古代②國際關係史－中國、泰國 Ⅳ．①D829.313 D829.336

中國版本圖書館 CIP 數據核字（2022）第 086636 號

海上絲綢之路基本文獻叢書
古代中日關係之回溯・中暹關係史

著　　者：李毓田　黎正甫
策　　劃：盛世博閱（北京）文化有限責任公司

封面設計：鞏榮彪
責任編輯：劉永海
責任印製：王　芳

出版發行：文物出版社
社　　址：北京市東城區東直門内北小街 2 號樓
郵　　編：100007
網　　址：http://www.wenwu.com
經　　銷：新華書店
印　　刷：北京旺都印務有限公司
開　　本：787mm×1092mm　1/16
印　　張：12.75
版　　次：2022 年 7 月第 1 版
印　　次：2022 年 7 月第 1 次印刷
書　　號：ISBN 978-7-5010-7647-5
定　　價：94.00 圓

總緒

海上絲綢之路，一般意義上是指從秦漢至鴉片戰争前中國與世界進行政治、經濟、文化交流的海上通道，主要分爲經由黄海、東海的海路最終抵達日本列島及朝鮮半島的東海航綫和以徐聞、合浦、廣州、泉州爲起點通往東南亞及印度洋地區的南海航綫。

在中國古代文獻中，最早、最詳細記載『海上絲綢之路』航綫的是東漢班固的《漢書·地理志》，詳細記載了西漢黄門譯長率領應募者入海『齎黄金雜繒而往』之事，書中所出現的地理記載與東南亞地區相關，并與實際的地理狀况基本相符。

東漢後，中國進入魏晉南北朝長達三百多年的分裂割據時期，絲路上的交往也走向低谷。這一時期的絲路交往，以法顯的西行最爲著名。法顯作爲從陸路西行到印度，再由海路回國的第一人，根據親身經歷所寫的《佛國記》（又稱《法顯傳》）一書，詳細介紹了古代中亞和印度、巴基斯坦、斯里蘭卡等地的歷史及風土人情，是瞭解和研究海陸絲綢之路的珍貴歷史資料。

隨着隋唐的統一，中國經濟重心的南移，中國與西方交通以海路爲主，海上絲綢之路進入大發展時期。廣州成爲唐朝最大的海外貿易中心，朝廷設立市舶司，專門管理海外貿易。唐代著名的地理學家賈耽（七三〇～八〇五年）的《皇華四達記》記載了從廣州通往阿拉伯地區的海上交通『廣州通夷道』，詳述了從廣州港出發，經越南、馬來半島、蘇門答臘半島至印度、錫蘭，直至波斯灣沿岸各國的航綫及沿途地區的方位、名稱、島礁、山川、民俗等。譯經大師義净西行求法，將沿途見聞寫成著作《大唐西域求法高僧傳》，詳細記載了海上絲綢之路的發展變化，是我們瞭解絲綢之路不可多得的第一手資料。

宋代的造船技術和航海技術顯著提高，指南針廣泛應用於航海，中國商船的遠航能力大大提升。北宋徐兢的《宣和奉使高麗圖經》詳細記述了船舶製造、海洋地理和往來航綫，是研究宋代海外交通史、中朝友好關係史、中朝經濟文化交流史的重要文獻。南宋趙汝適《諸蕃志》記載，南海有五十三個國家和地區與南宋通商貿易，形成了通往日本、高麗、東南亞、印度、波斯、阿拉伯等地的『海上絲綢之路』。宋代爲了加强商貿往來，於北宋神宗元豐三年（一〇八〇年）頒佈了中國歷史上第一部海洋貿易管理條例《廣州市舶條法》，并稱爲宋代貿易管理的制度範本。

元朝在經濟上採用重商主義政策，鼓勵海外貿易，中國與歐洲的聯繫與交往非常頻繁，其中馬可·波羅、伊本·白圖泰等歐洲旅行家來到中國，留下了大量的旅行記，記録元代海上絲綢之路的盛況。元代的汪大淵兩次出海，撰寫出《島夷志略》一書，記録了二百多個國名和地名，其中不少首次見於中國著録，涉及的地理範圍東至菲律賓群島，西至非洲。這些都反映了元朝時中西經濟文化交流的豐富内容。

明、清政府先後多次實施海禁政策，海上絲綢之路的貿易逐漸衰落。但是從明永樂三年至明宣德八年的二十八年裏，鄭和率船隊七下西洋，先後到達的國家多達三十多個，在進行經貿交流的同時，也極大地促進了中外文化的交流，這些都詳見於《西洋蕃國志》《星槎勝覽》《瀛涯勝覽》等典籍中。

關於海上絲綢之路的文獻記述，除上述官員、學者、求法或傳教高僧以及旅行者的著作外，自《漢書》之後，歷代正史大都列有《地理志》《四夷傳》《西域傳》《外國傳》《蠻夷傳》《屬國傳》等篇章，加上唐宋以來衆多的典制類文獻、地方史志文獻，集中反映了歷代王朝對於周邊部族、政權以及西方世界的認識，都是關於海上絲綢之路的原始史料性文獻。

海上絲綢之路概念的形成，經歷了一個演變的過程。十九世紀七十年代德國地理學家費迪南・馮・李希霍芬（Ferdinad Von Richthofen，一八三三～一九〇五），在其《中國：親身旅行和研究成果》第三卷中首次把輸出中國絲綢的東西陸路稱爲『絲綢之路』。有『歐洲漢學泰斗』之稱的法國漢學家沙畹（Édouard Chavannes，一八六五～一九一八），在其一九〇三年著作的《西突厥史料》中提出『絲路有海陸兩道』，蘊涵了海上絲綢之路最初提法。迄今發現最早正式提出『海上絲綢之路』一詞的是日本考古學家三杉隆敏，他在一九六七年出版《中國瓷器之旅：探索海上的絲綢之路》中首次使用『海上絲綢之路』一詞；一九七九年三杉隆敏又出版了《海上絲綢之路》一書，其立意和出發點局限在東西方之間的陶瓷貿易與交流史。

二十世紀八十年代以來，在海外交通史研究中，『海上絲綢之路』一詞逐漸成爲中外學術界廣泛接受的概念。根據姚楠等人研究，饒宗頤先生是華人中最早提出『海上絲綢之路』的人，他的《海道之絲路與昆侖舶》正式提出『海上絲路』的稱謂。選堂先生評價海上絲綢之路是外交、貿易和文化交流作用的通道。此後，大陸學者馮蔚然在一九七八年編寫的《航運史話》中，使用『海上絲綢之路』一詞，這是迄今學界查到的中國大陸最早使用『海上絲綢之路』的人，更多地限於航海活動領域的考察。一九八〇年北京大學陳炎教授提出『海上絲綢之路』研究，并於一九八一年發表《略論海上絲綢之路》一文。他對海上絲綢之路的理解超越以往，且帶有濃厚的愛國主義思想。陳炎教授之後，從事研究海上絲綢之路的學者越來越多，尤其沿海港口城市向聯合國申請海上絲綢之路非物質文化遺産活動，將海上絲綢之路研究推向新高潮。另外，國家把建設『絲綢之路經濟帶』和『二十一世紀海上絲綢之路』作爲對外發展方針，將這一學術課題提升爲國家願景的高度，使海上絲綢之路形成超越學術進入政經層面的熱潮。

與海上絲綢之路學的萬千氣象相對應，海上絲綢之路文獻的整理工作仍顯滯後，遠遠跟不上突飛猛進的研究進展。二〇一八年厦門大學、中山大學等單位聯合發起『海上絲綢之路文獻集成』專案，尚在醞釀當中。我們不揣淺陋，深入調查，廣泛搜集，將有關海上絲綢之路的原始史料文獻和研究文獻，分爲風俗物産、雜史筆記、海防海事、典章檔案等六個類別，彙編成《海上絲綢之路歷史文化叢書》，於二〇二〇年影印出版。此輯面市以來，深受各大圖書館及相關研究者好評。爲讓更多的讀者親近古籍文獻，我們遴選出前編中的菁華，彙編成《海上絲綢之路基本文獻叢書》，以單行本影印出版，以饗讀者，以期爲讀者展現出一幅幅中外經濟文化交流的精美畫卷，爲海上絲綢之路的研究提供歷史借鑒，爲『二十一世紀海上絲綢之路』倡議構想的實踐做好歷史的詮釋和注脚，從而達到『以史爲鑒』『古爲今用』的目的。

凡例

一、本編注重史料的珍稀性，從《海上絲綢之路歷史文化叢書》中遴選出菁華，擬出版百册單行本。

二、本編所選之文獻，其編纂的年代下限至一九四九年。

三、本編排序無嚴格定式，所選之文獻篇幅以二百餘頁爲宜，以便讀者閱讀使用。

四、本編所選文獻，每種前皆注明版本、著者。

五、本編文獻皆爲影印，原始文本掃描之後經過修復處理，仍存原式，少數文獻由於原始底本欠佳，略有模糊之處，不影響閱讀使用。

六、本編原始底本非一時一地之出版物，原書裝幀、開本多有不同，本書彙編之後，統一爲十六開右翻本。

目録

古代中日關係之回溯

古代中日關係之回溯

李毓田　著　日本問題研究會　編輯

民國二十八年商務印書館鉛印本

日本知識叢刊

古代中日關係之回溯

李毓田著

商務印書館發行

日本知識叢刊

古代中日關係之回溯

李毓田著

日本問題研究會編輯

商務印書館發行

卷頭語

語云，知己知彼，百戰百勝，故善謀國者貴在審敵勢，察敵情，夫而後以之折衝樽俎，固可預戢其狡焉思逞之野心於平時以之運籌決策尤能指揮若定，博取最後勝利於疆場。同人等用是不揣棉薄，欲就目前中日各種內政外交問題，尋源溯委，儘量作客觀的系統的敘述，藉爲國人明瞭敵情常識之補助。現已擬定計劃，特就其重要者，先刊佈日本知識小叢書一百種，惟戰事發生以來，交通不便，蒐集材料匪易，倉卒付梓，謬誤在所不免，除隨時力求改進外，倘望海內鴻達，曲賜指正，是所至禱。

日本問題研究會謹識。

目次

古代中日關係之回溯

一 中國古代的世界主義

代是古代文明的國家有二：一爲羅馬，一爲中國。二者有同一最高理想，卽世界主義羅馬想統一世界，建設一個羅馬大帝國中國也想統一世界，建設一個中華大帝國不過，二者最高理想雖同，但建設的方法和目標，則根本相左羅馬建設的方法是力卽武力征服目標是土地卽土地的佔領中國則不然，建設的方法是德卽以德服人目標是人民卽人民的歸順。

樹立中國這種指導精神的，是儒教子貢問爲政之道孔子回道：

足食足兵民信之矣。

子貢又問：必不得已而去，於斯三者何先？

孔子又回道：去兵。

子貢又問：必不得已而去，於斯二者何先？

孔子很堅絕的又回道：去食。自古皆有死，民無信不立。

孔子之輕視武力於此可以概見。輕視固然輕視，因爲孔子決不贊成以武力侵略人家，但爲自衞計，武力也不是絕對不要的。魯定公十年，魯、齊那次夾谷會議，魯國所以能得到圓滿外交勝利者，不是虧孔子在事前隨帶着『左右司馬』嗎？若非有司馬把那個侮辱定公的俳優侏儒殺了，齊侯怎肯屈服把侵略去的土地白白交還。

然而不用武力征服，以『德』怎樣去統一世界呢？這便是在以德治主義去把握大衆的心理。現在第三國際的赤化世界政策，宣傳主義，招收黨員，何嘗不和儒教這種世界主義取的是一個途徑呢？不過一是自然的感化的，一是有組織的宣傳的而已。孔子說：

送往迎來，嘉善而矜不能，所以柔遠人也；繼絕世，舉廢邦，治亂持危，朝聘以時，厚往而薄來，所以懷諸侯也。

照此看來，『柔』顯然就是博愛的意味。尚書舜典：

懷遠能邇。

論語：

近者悅，遠者來。

這都是同樣的意味。『懷』比『柔』更深一層，顯然是德澤的意味。總括起來說，懷柔卽是德澤博愛但普通把『懷柔』說解做『羈縻』或『籠絡』這實在是大錯而特錯。孔子又說：

故遠人不服，則修文德以來之。

書經：

帝乃誕敷文德，舞干羽于兩階，七旬，有苗格。

『文德』卽指當時之禮樂典章，照現代語詞講，卽文化意味。我們現在如把這些句字連起來講，卽是如用外功懷柔不能生效的話，那麼用內功只要發展我們的文化，無論諸侯或蠻夷一定都會來臣服的。書經：

道洽政治，澤潤生民，四夷左衽，罔不咸賴。

孟子說：以力服人者，非心服也，力不贍也；以德服人者，中心悅而誠服也；如七十子之服孔子也。

荀子說：凡兼人者有三術：有以德兼人者，有以力兼人者，有以富兼人者。彼貴我名聲，美我德行，欲爲我民，故辟門除涂以迎吾入，因其民，襲其處，而百姓皆安，立法施令，莫不順比，是故得地而權彌重，兼人而兵俞强，是以德兼人者也。

於此可見以德服人的效果是如何高深偉大呀！試一研究漢、唐、宋、明諸朝歷史，中國屬邦遍東亞，何嘗不都是賴這個德字指導精神有以致之？何嘗不都是『貴我名聲，美我德行，欲爲我民。』不過不一定都是『辟門除涂以迎吾入，』往往僅上表納貢，競以爲光寵而已。荀子繼之又說：

非貴我名聲也，非美我德行也，彼畏我威，刼我勢，故民雖有離心，不敢有畔慮。若是則戎甲俞衆，奉養必費，是故得地而權彌重，兼人而兵俞弱，是以力兼人者也。

這段正可以拿日本侵奪我朝鮮、台灣及最近東四省諸地做現時說明；即它奪我土地越多兵越衆，養兵越衆軍費越大，軍費越大國民負擔越重，國民負擔越重內政越不安定。

近世國家觀念，當以土地、人民、主權爲國家成立的三要素。但儒教的國家觀念，則異於是，它惟一着重在人民，而並未把土地放在眼裏。它們以爲有了人民，自然會有土地；蓋有多少土地也不能生出一個人來，然一個探險家便可以發現出幾千萬方哩的大陸，這不是一個最有力的證明嗎？大學：

有德此有人，有人此有土，有土此有財，有財此有用；德者，本也；財者，末也。

孟子更說：以力假仁者霸，霸必有大國；以德行仁者王，王不待大；湯以七十里，文王以百里。

梁惠王問孟子說：晉國天下莫强焉，叟之所知也，及寡人之身，東敗於齊，長子死焉，西喪地於秦七百里，南辱於楚，寡人恥之，願比死者壹洒之，如之何則可？

孟子答道：地方百里而可以王。王如施仁政於民，省刑罰，薄稅斂，深耕易耨，壯者以暇日修其孝悌忠信，入以事其父兄，出以事其長上，可使制梃以撻秦、楚之堅甲利兵矣。彼奪其民時，使不得耕耨，以養其父母，父母凍餓，兄弟妻子離散。彼陷溺其民，王往而征之，夫誰與王敵？故曰仁者無敵，王請勿疑。

這都是說土地的大小、無關緊要；不但如此，他還引用周文王爲救人民放棄土地的故事，對滕文公大發土地犧牲論。滕文公問道：

滕，小國也，竭力以事大國，則不得免焉，如之何則可？

孟子答道：

昔者，大王居於邠，狄人侵之，事之以皮幣，不得免焉，事之以犬馬，不得免焉；事之以珠玉，不得免焉，乃屬其耆老而告之曰：「狄人之所欲者，吾土地也。吾聞之矣，君子不以其所養者害人，二三子何患無君？我將去之！」去邠，踰梁山，邑於岐山之下居焉。邠人曰：「仁人也，不可失也」從之者如歸市。

讀者切勿誤會以爲孟子眞是不抵抗主義者。他這篇宏論要點，是在最後兩句：「仁人也，不可失也，從之者如歸市。」這仍是和如上所述「有德此有人，有人此有土，」一貫的意味。

中國當堯、舜時代，所有領土不過僅限於黃河流域的狹小部分而已，至於其他地域，乃都是野蠻民族所居。中國所以能夠拓殖到現在這樣廣袤土地者，完全是由於中華民族四千餘年奮鬥的歷史，有以致之、這全國的歷史，換句話，卽中華民族以德爲指導精神，以文化爲發展工具的歷史，故中國古代屬邦雖遍東亞，但從未嘗以武力侵略人家的國家，奴隸人家的人民，它們都是「心悅誠服」，而「欲爲我民」。屬邦中有安南、暹羅、緬甸、朝鮮、琉球，而今日正在兇毒殘暴地侵略中國的日本，從前也是其中之一，惜世界知道的很少，所以現在特把它提出來加以研究。

二　日本臣服中國之始

中國古代專門研究地理的書當推山海經。邢讓等序道：『蓋此書跨世七代，歷載三千，雖暫顯於漢而尋亦寢廢。』史記中倘露其名，可見此書在漢時曾佔重要地位。其卷首有劉秀校上奏稱爲伯益所作；王充論衡、吳越春秋也同此說。然書中有許多夏、商以後地名，伯益是虞舜的臣子，以前代之人怎能知後代的地名，其說之不當可知。故按理推之，此書似爲周、秦間人所述。

以『倭』當做國名，最早現於中國典籍者，卽此書。海內北經第十二有云：

蓋國在鉅燕南倭北倭屬燕

這段文字，學者間向有種種不同解釋，有主張讀作『蓋國在鉅燕南，倭北；倭屬燕。』的，也有主張讀作『蓋國在鉅燕，南倭北倭屬燕。』的，其解釋雖各有不同，然封燕爲倭之宗主國之主張則却無異致。（按周時所謂燕，是包含舊直隸省奉天省及朝鮮北部諸地方而言。）

復次，後漢王充論衡增儒篇也說：

周時，天下太平，越裳（在安南，法國 Pauthier 說越裳即 Chaldea）獻白雉，倭人貢鬯草。

恢國篇又說：

成王之時，越裳獻雉，倭人貢暢草。

論衡一書，多以儒書爲根據，其言當可信。

日本建國是在十五世紀，由此看來，當其蒙昧時代，即中國周時，便已臣服中國了。

三　中國第一大探險家徐福

中國有四大探險家卽（一）秦之徐福，（二）漢之張騫，（三）唐之玄奘，（四）明之鄭和。張騫、玄奘、鄭和不在本書研究範圍之內，茲專講徐福。

史記秦始皇本紀：

……二十八年……齊人徐市（梁：云市卽芾字）等上書言海中有三神山，名曰蓬萊、方丈、瀛洲，僊人居之，請求齋戒，與男女求之；於是遣徐市發童男女數千人，入海求僊人。

又說：

……方士徐市等入海求神藥，數歲不得，費多恐譴，乃詐曰：蓬萊藥可得，然爲大鮫所苦，故不得至。

日本通鑑：

孝靈七十二年，秦人徐福來。

所謂三神山即日本。徐福渡日本的事，日本史書中記載很詳，並且，現今在紀州牟婁郡新宮町，徐福與其從者七人的墳墓及祠碑等，尚巍然存在。民國二十年（日本昭和六年）和歌山縣由保勝會主辦並且還舉行了一次徐福渡日二千年紀念呢。

此事，後世題詠不絕。元吳萊題詩道：

大瀛海岸古紀州，
山石萬仞插海流；
徐市求僊之得死，
紫芝老盡令人愁。

又日本僧人絕海朝明的時候，明太祖向絕海垂詢徐福的事蹟。絕海便當場賦詩答道：

熊野峯前徐福祠，
滿山藥草雨餘肥；
只今海上波濤穩，
萬里好風須早歸。

太祖和之：

熊野峯前血食祠，
松根琥珀亦應肥；
當年徐福求僊藥，
直到如今更不歸。

由以上種種史料看來，可見徐福渡日的事，是千眞萬確，人實有其人，事也實有其事。現在我們所要研究的有兩個問題：(一)徐福渡日的目的，(二)徐福渡日所生的影響。

(一)徐福渡日的目的　照史記所說，徐福渡日的目的，是『求僊人』、『求神藥』。我則以爲不然。秦始皇暴虐無道，尤其對於智識份子，壓迫最厲害，所謂焚書坑儒，偶語棄市。這般人在國內既感覺生命的危險，無出路，所以只好另開闢新世界，向海外發展。方士徐福等便就是這一類的人。所以徐福渡日的眞正目的，應該說是探險(或說遠征)，尋求處女地。所謂『發童男女數千人』，當然是由於徐福等請求所致。『童男女』即青年男女，其所以需要數千青年男女者，卽爲的是便於到海外開闢和生產。他們一走根本就沒打算再回祖國，所以帶男不足，還要帶女，這是極其明顯的事。秦始皇統一天下，宮室之美，嬪妃之樂，衣食之盛，所謂衣、食、住、性樣樣都滿足了，但只一樣，恐怕壽命不長，所以急求長生不死之藥。聰明的徐福抓住這個機會，因此便聯合幾位（或許即七位）同志給秦始皇上書說願到海外爲他求神藥去。我們要知道，這完全是一種計策，這樣的暴君，誰還怕他早死嗎？蓋設不如此，秦始皇怎肯一發童男女數千人，和給他們一大批旅費呢？

（二）徐福渡日所生的影響　徐福領導下的這批探險隊渡日後，顯然的生出兩種影響（一）中國文化輸入日本，使日本野蠻民族受中國優秀民族的陶薰，奠下千百年後日本建國之大基石。（二）前已說過，日本在周時即臣服中國，但到戰國之世，天下大亂，內既無中央鞏固政府，外則威信自然失墜，故倭人朝貢之事，一如後世唐亡到五代十國者然，一時中斷，及徐福等渡日後，無意中便把這中斷連續起來，故到漢時倭人又向中國朝貢。

日本人對於徐福至今念念不忘，但中國人誰也沒把他看得起，以至這位中國第一大探險家永爲異域之鬼，我眞不禁爲他叫屈了！

四 漢委奴國王

晉陳壽三國志魏志東夷列傳：

倭人在帶方東南大海中，依山島爲國邑，舊時百餘國，漢時有朝見者。今使譯所通三十國。

唐李延壽北史俀國傳：

俀國（李註：卽倭國）在百濟、新羅東南，水陸三千里，於大海中依山島而居。魏時譯通中國三十餘國，皆稱子夷人。……

又南水行十日，陸行一月至邪馬臺國，卽俀主所都。漢光武時遣使入貢，自稱大夫。安帝時又遣朝貢，謂之俀奴國。

宋范曄後漢書東夷列傳：

倭在韓東南大海中，依山島爲居，凡百餘國。自武帝滅朝鮮，使驛通於漢者三十許國，國皆稱王，世世傳統。其大倭王居邪馬臺國……

光武中元二年，倭奴國奉貢朝賀，使人自稱大夫，倭國之極南界也，光武賜以印綬。安帝永初元年，倭國王師升等獻生口六十人，願請見

北史、後漢書都是根據魏志或魏略而作，大致相同。自唐以來中日關係密切，李延壽、范曄也許從日方獲得新史料，故言之較詳（王師升或即秦時徐福帶到日本的童男女之子孫）。惟後漢書把『今使譯所通三十國』之『今』字誤解，蓋『今』本指魏朝而言，故北史寫『魏時譯通中國三十餘國』，而後漢書則改爲『使驛通於漢者三十許國』。餘如鄭樵之鄭氏通志、馬端臨之馬氏通考等，都與後漢書發生同一錯誤。日本臣服漢朝的事，不僅有以上正史班班可考，而且漢光武帝御賜倭奴國王的印綬，現今尚存在日本黑田

侯爵家裏，即著名的：『漢委奴國王』金印。

這顆印是當一七八四年（我乾隆四十九年，日本天明四年）二月二十三日（李註此指陰曆月日）發現於福岡、筑前國糟屋郡、志賀島、叶崎當發現時，日本學者間對於這印文的解釋及這國的位置，議論紛歧，莫衷一是。對於前者多半採取三宅米吉說，謂『委奴』應讀做 倭奴 對於後者，茲歸納其較有價值者，可得如次三說：

（一）委奴為筑前怡土郡說 如藤貞幹之好古日錄，皆川淇園之倭奴國王印圖記，青柳種信之後漢金印略考，上田秋成之委奴國王佩印之考、件信友之中外經緯傳等皆主張之

（二）委奴為古儺縣說 古儺縣即今筑前那珂郡，三宅米吉主張之。

（三）委奴為日本總稱說 即以這印為漢朝封賜日本朝廷者，此說為

一般通說，如當時龜井南溟之金印辨、黑田家諸儒臣之金印議、及最近稻葉君山等皆主張之我從此說。

然於此尚有二問題：

（一）倭奴國（卽邪馬臺國）究在何處？此有二說：

（甲）以邪馬臺爲筑後國山門郡說；

（乙）以邪馬臺爲大和說；

我從後說。因爲照魏志東夷列傳所載由帶方郡至倭女王國路線如下：由壹岐海行千餘里登陸至末盧國（卽肥前之松浦，）又向東南行五百里達伊都國（卽筑前之怡土，）更東南行百里至奴國（卽筑前之儺，）再東行百里至不彌國（卽筑前之宇瀰。）由此又向東南水行二十日至投馬國，又南水行十日，陸行一月，而達邪馬臺。試從以上之水陸行程日數及方向推算之，這邪馬臺國之位置，明明不就是在畿內大和地方嗎。

(二)這印爲什麼發現於志賀島?也有二說：

(甲)以志賀島卽倭奴國之墳墓所在地說；

(乙)以倭奴國與邪馬臺國衝突結果倭奴國敗北，敵兵侵入國內而埋藏說。

根據以上研究倭奴國卽邪馬臺國，並且邪馬臺國也不在志賀島，故此二說都難成立。我認爲必是因戰爭關係，這印爲敵方所掠，失落於志賀島。

五　卑彌呼卽神功皇后

魏志東夷列傳

倭國亂相攻伐，歷年乃共立一女子爲王，名曰卑彌呼。

又：

景初二年六月，倭女王遣大夫難升米等詣郡求詣天子朝獻。

梁書倭國傳：

至魏景初三年，公孫淵誅後，卑彌呼始遣使朝貢，魏以爲『親魏王』，假金印紫綬。

案公孫淵之滅，在景初二年，倭國使者必是三年。景初三年，卽西元二百三十九年，正神功皇后攝政（當時並無攝政之名，惟一切國政及皇室以內的事，都代仲哀天皇行之。）三十九年時代。

神功皇后是否卽卑彌呼？學者間頗有爭論。有說卑彌呼爲倭姬命者，有說卑彌呼爲九州一酋長者，有說卑彌呼卽神功皇后者。我從最後一說其理由有三：

（一）據魏志所載，對馬、一支、末盧、伊都、奴、不彌、投馬、邪馬臺、斯馬、己百支、不呼、姐奴、對蘇、蘇奴、呼邑、華奴蘇奴、鬼、爲吾、鬼奴、邪馬、躬臣、巴利、支惟、烏奴、奴等諸小國，都爲卑彌呼所統制，然當時除神功皇后可等於卑彌呼外，無可以比擬的。

（二）魏志倭人傳說：『……自爲王以來少有見者，以婢千人自侍，唯有男子一人給飲食，傳辭出入居處宮室樓觀城柵嚴設，常有人持兵守衛。』又說：『卑彌呼以死，大作冢，徑百餘步，徇葬者奴婢百餘人。』這些勢派，決不是會長或小國國王所能享有。

（三）據漢朝印章制度而論，金質的印，是賜諸侯王者。魏志倭人傳及梁書倭國傳諸書都載：魏以卑彌呼爲『親魏王，』假金印紫綬。卑彌呼如不是神功皇后，魏朝決不會這樣封賜。

卑彌呼之爲何如人既已說明，茲再就她朝魏及魏王封她爲『親魏倭王』故事加以敍述。景初三年六月，倭女王遣大夫難升米等至帶方郡，求覲魏王朝獻，太守劉夏派人把他送到洛陽京城。這年十二月，魏王下詔書報倭女王說：

制詔親魏倭王卑彌呼：帶方太守劉夏遣使送汝大夫難升米、次使都市牛利，奉汝所獻男生口四人，女生口六人，班布三匹二丈以到。汝所在踰遠，乃遣使貢獻，是汝之忠孝，我甚哀汝！今以汝爲親魏倭王，假金印紫綬裝封，付帶方太守假授；汝其綏撫種人，勉爲孝順。

汝來使難升米，牛利，涉遠道路勤勞。今以難升米爲率善中郎將，牛利爲率善校尉，假銀印青綬，引見勞賜遣還。

今以絳地交龍錦五匹、絳地縐粟罽十張、蒨絳五十匹、紺青五十匹、答汝所獻貢直。又特賜汝紺地句文錦三匹、細班華罽五張、白絹五十匹、金八兩、五尺刀二口、銅鏡百枚、眞珠鉛丹各五十斤，皆紫封付難升米、牛利還到錄受悉可以示汝國中人，使知國家哀汝，故鄭重賜汝好物也（魏志東夷列傳。）

親魏倭王金印，今雖尙未發現，但寧和集古印史中則郤拓有此印，今存日本好古日錄中。

次年（正始元年、西元二四〇年）太守弓遵便遣建中校尉梯儁等奉如上詔書、印綬以及恩賜各物渡倭國，拜假倭王。該倭王以後曾兩次朝北魏，一次朝南朝。

中國對於臣服各國，寬厚仁慈，大率如此。

六 宋順帝詔除雄略爲安東大將軍倭國王

神功皇后後，歷仁德（即倭王讃）、（反正）、履中、允恭（即倭王濟）、安康（即倭王世子興）及雄略（即倭王武）諸天皇，都向中國南朝上表稱臣納貢。惜史料殘缺，不能細考。只雄略天皇上表宋順帝及宋順帝詔除雄略天皇爲安東大將軍倭國王的事在宋書倭國傳上記載很詳：

宋書倭國傳（南史略同）

興死，弟（李註：子之誤）武立，自稱使持節都督倭、百濟、新羅、任那（李註：新羅任那爲一個地方）秦韓、慕韓（李註：秦韓即辰韓、慕韓即馬韓，南北朝時，二韓已早爲新羅百濟所滅）七國諸軍事安東大將軍倭國王。順帝昇明二年（西元四七八年）遣使上表，表曰：

封國偏遠，作藩於外，自昔祖禰，躬擐甲冑，跋涉山川，不遑寧處，東征毛人五十五國，西服衆夷六十六國，渡平海北九十五國，

這是敍述他的武功

王道融泰，廓土遐畿，累葉朝宗，不愆於歲，臣雖下愚，忝胤先緒，驅率所統，歸崇天極，

這是敍述他的志願繼先祖遺業，仍求臣服

道經百濟，裝治船舫，而句驪（李註即高句驪）無道，圖欲見吞，掠抄邊隸，虔劉不已，每致稽滯，以失良風，

這是敍述他想到中國朝貢，高麗如何加之阻礙；

雖曰進路，或通或不，臣亡考濟，實忿寇讎，壅塞天路，控弦百萬，義聲感激！方欲大舉，奄喪父兄（李註即允恭安康）使垂成之功，不獲一簣，

居在諒闇，不動兵甲，是以偃息未捷。

這是敘述因高麗「壅塞天路」（即向中國朝貢之路），本準備討伐它，只因父兄之喪致未用兵。

至今欲練甲治兵，申父兄之志，義士虎賁，文武效功，白刃交前，亦所不顧。若以帝德覆載，摧此強敵，克靖方難，無替前功，竊自假開府儀同三司，其餘咸假授，以勸忠節。

這是敘述他仍要求自開官衙的要求。於是，宋順帝下詔除倭王武為「使持節都督倭、新羅、任那、加羅、秦韓、慕韓六國諸軍事，安東大將軍，倭國王」。

六　宋順帝詔除倭王武為安東大將軍倭國王

三一

七　隋煬帝宣諭聖德太子

自南北朝諸國滅亡，隋文帝統一中國後，東方各小邦如突厥、高句麗、契丹等都相繼入隋蕃貢。開皇二十年（西元六〇〇年）日本也遣使詣闕。隋書倭國傳：

開皇廿年，倭王姓阿每，字多利思比孤，號阿輩雞彌，遣使詣闕。

按『阿每』、『多利思比孤』，即天足彥（Amataiiicibeco）——天皇的別名。『阿輩雞彌』即大君（Ohokeme）唐類函：「其國號阿輩雞彌，華言天皇也。」開皇廿年，即日本推古八年。

七年後，即推古十五年（隋煬帝大業三年，西元六〇七年）聖德太子遣小野妹子，蘇因高，與通事鞍作福利又朝隋。隋書煬帝紀：

大業四年（應爲三年）三月壬戌，百濟、倭、赤土、加羅國並遣使貢方物。

其國書開首即稱：

日出處天子致書日沒處天子無恙。

煬帝看了，大不高興，便對鴻臚卿道：「蠻夷有無禮者，勿復以聞。」日本對中國向居於附庸地位，今忽對等相稱，當然會惹起煬帝的不滿，故次年乃遣文林郎裴世清渡日本宣諭。諭文如下：

皇帝問倭王：使人長吏大禮蘇因高等至具懷。朕欽承寶命，臨御區宇，思弘德化，覃被含靈，愛育之情，無隔遐邇。知王介居海表，撫寧民庶，境內安樂，風俗融和，深氣至誠，遠修朝貢，丹款之美，朕有嘉焉。稍暄，比如常也。故遣鴻臚寺掌客裴世清等指宣德意，送物如別。

聖德太子看見天朝大使裴世清，受寵若驚，因恭維道：

　　我聞海西有大隋，禮義之國，故遣朝貢。我夷人僻處海隅，不聞禮義，是以稽留境內，不卽相見。今故清道飾館以待大使，冀聞大國維新之化。

裴世清回道：

　　皇帝（卽指煬帝）德並二儀，澤流四海，以王慕化，故遣行人來此宣諭。

八　元世祖怒斥日本不來朝

元朝至元元年（西元一二六四年），世祖忽必烈聽高麗人趙彝等進言『日本可通。』故到至元三年八月世祖乃派兵部侍郎黑的、禮部侍郎殷宏，持國書使日本路過高麗，高麗王王禃乃遣其樞密院副使宋君斐、禮部侍郎金贊等做嚮導，齊往日本。這一行人因海上遇大風濤，行到半途即歸。

次年六月，世祖又派黑的、殷宏等往諭高麗王，令他獨自派遣使節赴日本宣布元朝聖德，務必作到。高麗王不得已，九月便又派他的起居舍人潘阜等持元朝及高麗二國國書而去。這次潘阜等卒能達到目的地，把二國國書遞給日本太宰府，這時在日本文永五年（至元五年、西元一二六八年。）元朝國書：

上天眷命，大蒙古國皇帝奉書日本國王。朕惟自古小國之君，境土相接，尚務講信修睦，況我祖宗，受天明命，奄有區夏，遐方異域，畏威懷德者，不可悉數。朕即位之初，以高麗無辜之民久瘁鋒鏑，即令罷兵，還其疆域，反其旄倪。高麗君臣感戴來朝，義雖君臣，而歡若父子。計王之君臣，亦已知之。高麗，朕之東藩也。日本密邇高麗，開國以來，亦時通中國，至於朕躬，而無一乘之使以通和好。尚恐王國知之未審，故特遣使持書，布告朕志。冀自今以往，通問結好，以相親睦。且聖人以四海為家，不相通好，豈一家之理哉？以至用兵，夫孰所好？王其圖之！不宣。

至元三年八月　日

高麗國書：

高麗國王王禃右啓：

季秋向闌，伏維大王殿下，起居萬福，瞻企瞻企。我國臣事蒙古大朝，稟正朔，有年於茲矣。皇帝仁明，以天下為一家，視遠如邇，日月所照，咸仰其德化。今欲通好於貴國，而詔寡人云：「海東諸國，日本與高麗為近鄰，典章政理，有足嘉者。漢、唐而下，亦或通使中國，故遣書以往，勿以風濤險阻為辭。」其旨嚴切，茲不獲已，遣朝散大夫尚書禮部侍郎潘阜等奉皇帝書前去。且貴國之通好中國，無代無之，況今皇帝之欲通好貴國者，非利其貢獻，但以無外之名高於天下耳。若得貴國之報音，則必厚待之，其實與否，既通而後當可知矣。其遣一介之使以往觀之何如也。惟貴國商酌焉。

拜覆日本國國王左右。

至元四年九月　日　啓。

當時太宰府接國書後，立即派人送之鎌倉幕府，幕府奏之其朝廷，經過多少次廷議，結果置之未答。以後接連又派使往日本去過四次，前後共六次，日本終是不肯投降納貢，故卒至派兵征討。

九　明太祖詔諭日本

元朝一代，日本始終未來朝，及明太祖即位後，故特遣使往日本詔諭。該諭如下：

昔帝王之治天下，凡日月所照，無有遠邇，一視同仁，故中國奠安，四夷得所，非有意於臣服之也。自元政失綱，天下兵爭者十有九年，四方遐裔，信好不通。朕肇基江左，掃羣雄，定華夏，臣民推戴，已主中國，建國號曰大明，建元洪武，頃者克平元都，疆宇大同，已承正統，方與遠邇相安於無事，以共享太平之福。惟爾四夷君長酋帥等遐邇未聞，故茲詔示，想宜知悉。（李註：因同時也詔諭高麗、安南、占城等國，故說『惟爾四夷君長酋帥等』）

這時正當日本南北朝混亂時期，軍閥當權，天皇成爲廢物，故明使到日本九州，僅能把該詔書遞交征西府將軍懷良親王，至未得結果而回。

其後，因倭寇不斷的侵掠中國沿海各州郡，太祖以爲是日本國王所放縱，故叠次遣使到日本，詔其禁賊。洪武二年，太祖遣楊載等七人往日本。楊載等又僅以詔書遞交懷良親王。詔書如下：

上帝好生而惡不仁，我中國自辛卯以來，中原擾擾，倭時來寇山東，乘元衰耳。朕本中國舊家，恥前王之辱，師旅掃蕩，垂二十年，遂膺正統，間者，山東來奏，倭兵數寇海濱，生離人妻子，損害物命，故修書特兼諭越海之由。詔諭到日，臣則奉表來廷，不則修兵自固，如必爲寇，朕當命舟師揚帆，捕絕島徒，直抵王都，生縛而還，用代天討，以討不仁，惟王圖之！

按倭寇的行動，本非懷良所指使，而詔書如此呵斥，宜其招懷良的反感，殺明使五人，拘留楊載、吳文華二人三個月，始放還之。

太祖不負氣，次年（洪武三年）又遣萊州府同知趙秩（佚）往日本見懷良。懷良道：

吾國雖處扶桑，未嘗不慕中國。惟蒙古與我等夷，乃欲臣妾我。我先王不服，乃使其臣趙姓者訹我以好語，語未既，水軍十萬列海岸矣。以天之靈，雷霆波濤，一時軍盡覆。今新天子帝中夏，天使亦趙姓，豈蒙古裔耶？亦將訹我以好語而襲我耶？

從這裏我們又得一新發現，即日本何以不臣服元朝，乃因蒙古與日本同是蠻夷，心有未甘。懷良語畢目視左右，要想加害明使，但趙秩毫不動容，並答道：

我大明天子，神聖文武，非蒙古比，我亦非蒙古使者，能兵兵我。

幾句話把懷良說得氣餒，於是乃趕緊以禮待之，蓋當時中日兩國當局都不諳對方國情，故一遇交涉，則笑話百出。於是懷良便遣其僧祖來入中國上表、稱臣，貢方物，且送還明台二郡被掠去的人口七十餘名。以後懷良遂常遣使到明朝上表貢方物，和好無間。惟因倭寇刼掠事，洪武十四年太祖乃再降詔痛斥日本國王。這次詔文比上次還厲害，故懷良接詔後，特上表抗辯，對大明譏諷備至。詔書、表文如下：

大明禮部尚書致書日本國王：王居滄溟之中，不奉上帝之命，不守己分，但知環海爲險，限山爲固，肆侮臨邦，縱民爲盜。上帝將假手於人，禍有日矣。吾奉至尊之命，移文與王，王若不審其微，并觀蠡測，自以爲大，無乃構隙之源乎！王之國，始號曰倭，後惡其文，遂改日本。自漢、魏、晉、宋、梁、隋、唐、宋之朝，皆遣使奉表貢方物，當時帝王或授以職，或爵以王，由歸慕意誠，故復禮厚也。若叛服不常，構隙中國，則必受禍，王其審之！

良懷（卽懷良之誤）上言：臣聞三皇立極，五帝禪宗，惟中華之有主，豈夷狄而無君。乾坤浩蕩，非一主之獨權，宇宙寬洪，作諸邦以分守；蓋天下者，乃天下之天下，非一人之天下也。臣居遠弱之倭，褊小之國，城池不滿六十，封疆不足三千，尚存知足之心；陛下作中華之主，爲萬乘之君，城池數千餘，封疆百萬里，猶有不足之心，常起滅絕之意。

著者按：這是懷良的誤會，大明意在令其禁止倭寇擾華，絕無『起滅絕之意』。

夫天發殺機，移星換宿；地發殺機，龍蛇走陸；人發殺機，天地反覆。昔堯、舜有德，四海來賓；湯武施仁，八方奉貢。臣聞天朝有興戰之策，小邦亦有禦敵之圖。論文有孔、孟道德之文章，論武有孫、吳韜略之兵法。又聞陛下選股肱之將，起精銳之師，來侵臣境，水澤之地，山川之洲，自有其備，豈肯跪途而奉之乎！順之未必其生，逆之未必其死，相逢賀蘭山前，聊以博戲，臣何懼哉。倘君勝臣負，且滿上國之意；設臣勝君負，反作小邦之羞。自古講利爲上，罷戰爲强，免生靈之塗炭，拯黎庶之艱辛，特遣使臣，敬叩丹陛，惟上國圖之。（按明史與剪勝野聞所載略異，本文依明史。）

太祖覽表大怒，然終鑑蒙古覆轍，未予加兵。

一〇　明惠帝向日本頒示大統曆

一三九二年（明洪武二十五年、日本元中九年），日本南北統一，將軍足利義滿執國政，義滿因想與明通商，是以對明竭力表示恭順，如願勦除海寇及遣使稱臣之類。

建文四年（一四〇二年），義滿遣肥富、祖阿等二人入明，上表獻方物。表文如下：

日本准三后某（即足利義滿）上書大明皇帝陛下：日本國開闢以來，無不通聘問於上邦，某幸秉國鈞，海內無虞，特遵往古之法規，而使肥富、祖阿通好，獻方物：金千兩、馬十匹、薄樣千帖、扇百本、屏風三雙、鎧一領、筒丸一領、劍十腰、刀一柄、硯筥一合、同文台一個，搜尋海島漂寄者幾許人還之焉。某誠惶誠恐頓首頓首謹言。

次年日使歸還，明惠帝因也遣僧人道彝天倫、一庵一如持詔書及明大統曆隨行。明使一行初抵兵庫，義滿特親自出迎，送至京都，以法住寺做行館，在北山殿行接見禮。明詔書如下：

……朕自嗣大位，四夷君長朝獻者以十百計，苟非戾於大義，皆思以禮撫柔之。茲爾日本國王源道義（時義滿讓職其子，削髮法號稱道義。）心存王室，懷愛君之誠，踰越波濤，遣使來朝，歸逋流人，貢寶刀、駿馬、甲冑、紙硯，副以良金，朕甚嘉焉。日本素稱詩書國，常在朕心，第軍國事殷，未暇存問，今王能慕禮義，且欲爲國敵愾，非篤於君臣之道，疇克臻茲。今遣使者道彝、一如，頒示大統曆，俾奉正朔，賜錦綺二十匹，至可領也。……

明使留京都，約有半年之久，次年春纔歸國。

二一　足利義滿向明成祖上賀表

建文六年（一四〇四年）燕王篡位，是爲成祖，建元永樂。義滿聞之，所以又遣堅中圭密爲正使及通事徐本方等入明向成祖上賀表。表文如下：

日本國王臣源（上）表臣聞太陽升天，無幽不燭，時雨霑地，無物不滋。矧大聖人明並曜英，恩均天澤，萬方嚮化，四海歸仁。欽惟大明皇帝陛下，紹堯聖神，邁湯智勇，戡定弊亂，甚於建瓴，整頓乾坤，易於反掌，啟中興之宏業，當太平之昌期，雖垂旒深居北闕之尊，而皇威遠暢東濱之外。是以謹使僧圭密、梵雲、明空、通事徐本（方），仰觀清光，伏獻方物：生馬二十匹、硫黃一萬斤、馬（瑪）腦大小三十二塊，計二百斤、金屏風三幅、鎗一千柄、大刀一百把、鎧一領、匣硯一面并匣、扇一百把，爲此謹具表文。

臣源。

年號　日　日本國王臣源。

成祖見長大喜，厚饗日使，次年并遣使持詔往日，大加獎勵。詔文如下：

奉天承運皇帝制曰：大地之中，華夷一體，帝王之道，遠邇同仁。昔者，虞德誕敷，外薄四海，咸建五長；周室方興，無有遠邇，畢獻方物，不能外於範圍，咸得利其福澤也。咨爾日本國王源道義：知天之道，達理之幾，朕登大寶，即來朝貢，歸嚮之速，有足褒嘉，用錫印章，世守爾服，今茲海甸密邇東郊，素稱文物，慕尚詩書，朕今命爾，惟謙勤可以進學，惟戒懼可以治心，惟誠敬可以立身，惟仁可以撫衆，惟信可以睦鄰，惟忠順可以事上，惟勤可以動天地，感鬼神。於戲！朕守帝王之道，仰承天地之仁，爾堅事大之心，亦有無窮之福，永惟念哉，毋替朕命！

這次兩國通使，與往次大不相同，蓋已越過『一方上表貢方物，一方降詔獎勵』的浮泛主屬關係，而進入於具體的互惠結合。這具體的互惠結合，即永樂條約。據正史所載，該條約內容如下：

(一)每十年日本至明貿易一次；

(二)每次只限二百人，船只限三艘；

(三)不得攜帶軍器，違者以寇論；

(四)大明賜日本二船，以爲至明入貢之用。(見明史日本傳、日本國志、籌海圖編)

此外雖無明文可尋，然已見諸事實的，尚有二款，即：

(五)日本國王(實爲義滿)對明稱臣；

(六)日本嚴禁倭寇。(明史日本傳)

二一　足利義滿向明成祖上賀表

以後，義滿遂不斷的遣使上表貢方物。

一二　明成祖册封義滿爲日本國王

永樂三年（一四〇五年），足利義滿又遣使朝明，並獻對馬、壹岐的海寇（即倭寇）巨魁二十名。次年，成祖因派侍郎俞吉士往送之，義滿延見於北山殿。吉士進呈成祖欽賜義滿的金印及册封義滿爲日本國王的詔書。詔書如下：

皇帝敕諭日本國王源道義：朕惟天生萬物，覆育無不周，君統萬方，仁恩無不被。古之帝王，體天之德，順物之情，以爲治，而天下之民，咸得其所者，率由是道。朕荷上天眷命，皇考聖靈，福延朕躬，君主天下，凡海內海外，皆朕赤子，咸欲其安寧，以遂其生。即位之初，遣詔諭王，明示朕意，王克欽承順，識達朕心，報使之來，懇款誠至。朕念王稟資淳懿，賦性聰明，德行超乎國人之上，信義著乎遠邇之間，非惟朕心所悅，實乃天心所鑑，庸賜印章，申之以誥命，重之以褒賜，比歲及今，屢遣朝貢，誠意益至，敬謹愈加，實能恭順上天下七，眞可謂賢達矣。近者使臣由王國回言：王嘗夢見朕皇考，蓋夫以皇考，神靈在天，鑑觀四方，無遠弗屆，王心寢寐不忘恭敬精神感格，故形爲禎夢。朕皇考示夢於王，卽所以監臨於王也。皇考監臨，卽天之監臨也，豈惟王一身之慶，將見王之子孫、國人皆有無窮之慶。且以王之感格於朕皇考之心，與上天之心者言之，若對馬、壹岐等遠島海寇，出沒刼掠海濱，朕命王除之，王卽出師殲其黨類，破其舟檝，擒其巨魁，悉送京都，王之尊敬朕命，雖身在海外，而心實在朝廷，海東之國，從古賢達，未有如王者，朕心喜慰，深用褒嘉。自今海上居民無刼掠之虞者，王之功也，如此，豈不可以上合天心，與朕皇考之心乎！王之令名，自茲永著，光昭青史，傳於不磨，豈惟王一身有無窮之譽，雖王之子孫，世濟其美，亦永有無窮之譽矣。今遣使諭，朕茲意加以寵錫，王其益懋厥德，以副朕懷，故敕。

同年秋明使歸國的時候，義滿又遣使上表，獻俘虜，惜該表文尚未發現，不過我們從明詔書上『詞意懇惻，哀情益見』兩句話裏也可知其梗概了。

永樂五年（一四〇七年）日使歸國的時候，成祖又遣使持詔書見義滿。這時中日來往關係正像拉鋸，一送一還，無有已時。詔書如下：

敕諭日本國王源道義：朕誕敷萬方，愛養黎庶，一視同仁，無間彼此，咸欲其無寇攘災沴之處，無饑寒疾疢之苦，老者得養，幼者得息，暨鳥獸魚鼈，飛走蠕動，跂行啄食之類，咸欲其生遂，此上天之道，仁政之大也。故四方萬國之來庭者，諄諄誨諭，欲其上順天心，保卹生靈。惟王資性溫淳，敦厚用慎，忠和睿敏，恭儉慈仁，聰明特達，而賢聲素彰，律己愛民，而善道禦者，華藩守職，欽承明憲。昔者，海寇擾竊肆害，邊隅被其爲虐，罹其災殃，朕命王殄滅之，以除黎蠹，王即發兵，破其舟艦、戮其黨，執其守域，追人繫送來京，而巨魁遠竄海島，偷息鯨波魚蝦，出沒莫適其鄉，舟楫猝不能及；鋒鏑猝不能加，施之以德，不能心懷、動之以威，不能使畏。王乃晝夜謀思，至忘寢食，四出追襲，百計以擒之。茲爲遣使上表，獻俘於庭。詞意懇惻，哀情益見，朕覽讀再三，甚深慰闓，嘉嘆不已，王之忠誠，可以貫金石，可以通神明，允合天心，式慰朕望；自今海隅肅清，民民無驚，得以安其所樂，鷄豚狗彘，舉得其寧者，皆王之功也。眷茲偉績，寤寐不忘。臨風顧懷，良切於中。夫治天下國家者，能體天地生物之心，去災捍患，使天下國家大安，萬民熙皞，功莫大焉；則天心悅豫，使享有無窮之福，子子孫孫，不替益盛，此爲善之報，理固然也。王之修身體道，樂善不倦，昭令德於東島，播芳譽於中國，垂光靑史，與天地悠久，誠所謂賢人君子，有志丈夫哉。日本自有國以來，如王之賢達者，蓋未之有也。自古賢者無不好善，而好善者，無不蒙福，若王之好善，則必享有福祿，永永無窮矣。茲遣人以敕諭王，申以寵賚，用茲朕嘉獎之意，王懋膺隆眷，體朕至懷，故諭。永樂五年五月二十六日。

永樂六年，義滿逝世，其子義持特遣使至明報喪。成祖初遣中官周全（周全渝）往日本吊唁，並賜賻金。後又遣使持詔書追贈義滿爲『日本太上皇號』及封義持爲日本國王。但義持不敢承受其父之『太上皇』追贈，所以又改爲『恭獻王』，始受之。該詔書原文無從考。義滿死後，倭寇又起，故成祖又三遣使詔諭義持勦捕。該詔書如下：

敕日本國王源義持（卽足利義持）：茲者，海寇數來濱海，去處盜竊種田民人財物，昔爾父恭獻王在時，一聞朕命，卽發兵殄殲寇賊，俾海道肅清邊境寧謐，令名著於靑史，垂於後世，永遠不磨，王今宜繼承爾父之志，卽調兵設法捕戮，則王之功，益有光於前矣。其敬遵朕命毋忽！故勅。

永樂六年十二月二十六日（該書今藏於侯爵淺野家。）

按義持本義滿的長子，當其九歲時，便已敍爲征夷大將軍，確定爲足利氏之繼承人。但未幾又得一幼兒卽義嗣，義滿特別偏愛，故又想廢義持而另立義嗣，惟事未作成，義滿忽亡。所以及義持執行國政，因懷恨其父之欲想廢立，而連累其父生前的一切設施，而尤其不滿於對明稱臣。因此，成祖詔諭雖去，但義持並未遵行，以故倭寇再起。

一三　義教以來繼續對明稱臣納貢

宣德七年（一四三二年）正月，宣宗因四方諸藩都來朝貢，惟獨日本不至，不無遺憾，中官柴山正往琉球，所以順便令其轉諭日本。

恰巧這時反對朝貢的義持已死，其弟義教繼任為將軍，所以為繼續其先祖成法，再向明朝遣使。宣德八年六月、義教遣天龍寺僧龍室道淵等入明，照例上表獻方物，表文有「貢茅不入，固緣敝邑多虞，行李往來，願復治朝舊典」等語，下署「日本國王臣源義教」，並用大明宣德年號（戊子入明記。）宣宗看了，龍顏大喜，因此便賜給以明錢及其他物慰勞之。及日使回國的時候，宣宗也以內官雷春、裴寬等持詔書隨往日本，要求禁賊及送被俘的中國人。明使回朝，義教又遣使上表獻方物。

正統六年（一四四一年，）義教被殺，其後，義勝、義政、義尚、義植、義澄、義晴等相繼執國政，而遣使朝貢如常，其間或斷或續，竟亘有九十八年之久，即自一四一四年至一五三九年，凡十數次。

一四　明神宗册封豐臣秀吉爲日本國王

以『薩摩州人之奴』及『織田信長之牧馬童』出身的豐臣秀吉，屢次改名換姓（原姓木下名藤吉後改姓柴羽名秀吉又改姓平，最後改姓豐臣，）妄附名族（始附於平氏之裔繼稱藤原氏之後，）只因因緣時會，善於投機取巧，並且也因日本國內無人，所以不久的功夫，這個牧馬童竟然榮陞爲關白及太政大臣；眞是從心所欲，扶搖直上，莫怪乎他野心勃勃不可一世了。他在國內稱雄不足，而還要覬覦非分，他說『征服朝鮮，則中國可服，大然則三國爲一。』秀吉這種野心，後來便產生兩齣劇：一是悲劇，卽萬曆二十年（西元一五九二年）朝鮮慘遭倭兵蹂躪；一是喜劇，卽明神宗册封秀吉爲日本國王。

話說倭兵侵略朝鮮，朝鮮不支，屢戰屢敗。明朝先派遼東副總兵祖承訓往援，奈不濟事，本擬再派援軍，但當時遼東及寧夏方有事，因此便聽了兵部尙書石星的進言，停止出兵，謀從外交上解決。須知那時中國並無『日本留學生』這個玩藝兒，所以要想找一位會講日本話的人去和日方辦交涉，卻大成問題。『時勢造英雄，』於是在明州曾學過幾句『阿里阿多』後來流落燕京會館的那位窮小子沈維敬便立成明廷一等紅人兒了。

惟敬剛從會館出來，明廷立卽任他爲『神機三營遊擊將軍，』派往朝鮮去遊說敵方前線主將小西行長。英雄莫問出身，不管怎樣，惟敬也總算有能耐的，第一次到朝鮮無條件的卽與行長締結五十日休戰條約；第二次到朝鮮又與行長締結勝利的議和條款。該條款如次：

（一）日軍盡退出朝鮮；

(二)册封秀吉爲王，但勿須納貢；

(三)日本誓不再犯朝鮮。

萬曆二十三年（西元一五九五年）四月，明廷派都督僉事李宗城、楊方亨爲日本册封正副使，與沈維敬同渡日本。這次只到釜山，宗城聽人說：過海必不得還，駭怕得厲害，他半夜裏微服逃遁，因此方亨、惟敬便也回轉。

次年，明廷又派方亨、惟敬爲正副使，朝鮮也派黃愼、朴弘長爲正副使隨之，再往日本。明、韓使者一行到日本堺浦（卽大阪灣），往見秀吉。秀吉只接見明使方亨、惟敬，而不見韓使黃愼、朴弘長。方亨、惟敬二人見了秀吉後，便捧金印、冕服以進。秀吉戴冕披服，意很自得，大宴方亨、惟敬。然及秀吉派僧靈三、承兌、永哲等三長老捧讀大明册書時，行長大慌起來，密語三長老說：『書與惟敬所說或有齟齬者，子且諱之。』承兌不敢聽。册書如下：

奉天誥命奉天承運皇帝制曰：聖仁廣運，凡天覆地載。……咨爾豐臣平秀吉崛起海邦，知尊中國，西馳一介之使，欣慕來同，北叩萬里之闕，懇求內附；情既堅於恭順，恩可靳於柔懷。茲特封爾爲日本國王，錫之誥命。……祇服編言，永遵聲教，欽哉！

萬曆二十三年正月二十一日（註冊書今存於前龜山藩主石川子爵家中。）

承兌乃人讀於秀吉之傍，及讀到『茲特封爾爲日本國王，』秀吉變色，纔知並非『王於明，』於是立把戴在頭上的冕抓下來，穿在身上的服脫下來，拋擲於地，取冊書扯之，罵道：『吾掌握日本，欲王則王，何待髯虜之封哉！且吾而爲王，如天朝何？』隨召行長痛斥道：『汝敢欺罔我，以爲我邦之辱，吾將併汝與明使者皆誅殺之！』行長戰慄，諉非己爲，嗣經承兌等在傍竭力諫救，幸免於刑戮。雖然，秀吉之怒並未全消，當夜便下令驅逐明、韓使者及徵兵十四萬，預備明年再攻朝鮮。

萬曆二十五年（西元一五九七年）方亨、惟敬等返回北京，並未實報，佯說秀吉受封拜舞，和議全成，並且私購海外珍寶，號爲日本獻品。那知未久，秀吉軍又侵入朝鮮，神宗大怒，於是立即下令逮捕兵部尚書石星，繫之於獄，而沈惟敬遂也因此被殺了。

這件事，雖然說是由於訂立條款的含混，致造成這樣大笑話，但是，從這笑話裏，我們卻得到一個啟示：即秀吉之願受明封，乃毫無異議，不過他不願封他爲日本國而已。那麼，假若封他爲別一地國王，他當然樂從。按我竊忖秀吉的野心，似是想望明朝封他爲朝鮮國王，因所爭者爲朝鮮，而朝鮮又爲大明之屬邦。故史書上所謂『王於明』三字，應作此解。

一五　結語

從上所考，可知日本之臣服中國，乃鐵一般的史事，再無絲毫討論的餘地。（其間尚有朝廷一大段歷史因盡人皆知，是以未述。）故我們若以此來衡量一民族之等差的話，則日本只能列入於朝鮮、安南、緬甸、暹羅一流。它雖然尚看不起印度，實際它還無資格與印度相比擬，因印度古代固也是一大獨立國，且爲東方佛教發祥地。它所以獲得現今的國際地位，不外以下三因：

（一）明治維新迅速完成；

（二）對清帝俄兩次戰爭勝利；

（三）英日同盟受英國二十年間的孵育。

然這三因卻都在外而不在內，即（一）明治維新所以迅速完成者，十分之二三是受白人刺激，十分之七八是由於土地狹小孤處海島；（二）對清、帝俄兩次戰爭勝利，都因對方當時政治太腐敗，縱然不與日戰，也是要自內崩潰的，再說對俄根本不算眞正勝利，日本不過僅嘗了一個甜頭；（三）英國所以和它同盟完全爲利用日本防俄南下，故日本是處在被動地位，尤無所謂外交成功，總之這是時勢造英雄，並非英雄造時勢，日本自身說起來的的確確無什麼可以驕傲的地方，但它自己卻以爲了不起，數典忘宗，屢屢侮辱中華民族，越來越甚，最近且有日本人拾達爾文落伍的天演公例學說，侮辱中華民族爲「不適者」，它自稱爲「適者」，所以它侵略中國是合於「適者生存不適者滅亡」的天演公例。此種狂吠，斷「天孫之子」說得出，我們中國人無暇和這一般做白日閥鷺天的人一一計較，我現在是以這本小冊子給他們做一面鏡子，教照照他們的祖先，是對今日被他們侮辱爲「不適者」的中華民族，怎樣的奴顏屈膝，叩頭稱臣啊！

中華民國二十八年一月初版

日本知識叢刊 古代中日關係之回溯 一冊 (9 4 2 5 6)

每冊實價國幣[illegible]

外埠酌加運費匯費

著作者 李毓田

編輯者 日本問題研究會

發行人 王雲五 長沙南正路

印刷所 商務印書館

發行所 商務印書館 長沙、重慶、成都、西安、南昌、金華、梧州、昆明、貴陽、香港、汕頭、福州、

(本書校對者王重慶)

港 十F四五四三

中暹關係史

中暹關係史

黎正甫 著

民國三十三年貴陽文通書局鉛印本

中暹關係史

黎正甫著

文通書局印行

黎正甫著

中暹關係史

文通書局印行

自序

南洋富經濟資源，爲我僑胞薈萃之地，於歷史地理經濟及國防上，均與我國有密切之關係。蓋就廣義之南洋言，包括突出於我國南部之中南半島，以及散在東南海上之南洋羣島（蘇門答臘，爪哇，婆羅洲，菲律濱等），與大陸合抱成我國之南海。今之地理學者有稱其爲亞洲之地中海者，可見其形勢之扼要，最近且爲太平洋戰爭之主要區域。欲保我國南部國防之安全，必須獲得此海上之優越勢力而後可。自漢代以來，我國卽與南海諸國發生政治商業之關係，故對於南洋問題國人誠有注意與研究之價値。

年來余頗注意此問題，以性喜治史，嘗有志於中國與南洋關係史之探討。旋以此題目太廣泛，乃轉余注意力於中南半島，蓋中南半島與我國南部地形相接，關係尤爲密切。而其土曠人稀，又適於華南人民之移殖。英國地理學者斯丹勃（L. Dudley Stamp）有曰：「觀中國印度人滿爲患之景象，而介乎其間之印度支那半島亦甚適於人口之繁殖，惟至今人口尚未飽和，其氣候對於中印人民之移殖，甚爲相宜。」其實非洲之於印度人移殖尤爲適宜，而我國南部過剩之人口捨向中南半島與南洋其他各地發展外，別無他途。且中南半島上之國家自古爲中國之藩屬，東部之越南，自秦漢以迄隋唐，皆隸中國版圖。明成祖時，復一度收爲中國直屬領土。

惟中南半島雖僅有越南、暹羅、緬甸及馬來四區域，然其與中國之歷史關係亦甚繁雜，搜集資料不易，乃又專探其一部分先研究，俾能集中注意，易於有成。以中南半島上惟暹羅爲獨立國，於將來南洋政治之演變，其地位甚爲重要，且其民族與中華民族有血統之關係，遂決定爲「中暹關係史考。」是余作此書之意向也。乃稿甫成而病發，不能細心修改，疏漏之處，在所不免，尚祈讀者指正爲荷。

因香港之戰，身受其災，雖得幸生，逃回內地，猶感生活之艱苦。念及南洋僑胞之處境，其苦難當必十倍於余者！是書之成，殆亦可視爲難中紀念之作歟。

三十一年十二月十五日黎正甫識

中暹關係史目錄

自序

中暹關係史

第一章 部落時代之暹羅與中國之交通

第一節 隋唐以前中暹之往還

暹國之名於元時始見著錄，蓋以前暹羅各部族尚未合成一國，而泰族（Tai）在其地亦未有勢力也。然遠在泰族建立暹國之前，中國與其地之交通早已開始。據宓亨利（H.F.Mac Nair）華僑志云：「中暹交通可遠溯於耶穌紀年初年。」（民國十六年岑德彰譯本十六頁。）惟宓氏之言何所根據，則未明言。考中國與南海之交通開始於秦漢之際，秦始皇三十三年（公元前二一四年）發諸嘗逋亡人贅壻賈人略取陸梁地，爲桂林、象郡、南海三郡。（史記卷六始皇本紀）按三郡即今廣西廣東及越南之東京與安南。秦末趙佗據其地而自立，號南越武王，以番禺爲都城。其時西南海上貿易物品，如犀角象牙翡翠珠璣皆聚集於此，然後運至中國內地銷售。故淮南子卷十八人間訓云：「秦之經略嶺南，以利越之犀角象齒翡翠珠璣。」漢高祖十一年（公元前一九六年）遣陸賈立佗爲南越王，與剖符通使，和集百越，孝文帝元年再遣陸賈往使，卒征服之。迨武帝元鼎六年（公元前一一一年）始爲漢之郡縣，於是番禺成爲中國南方之一大都市。（漢書卷九五南粵王趙佗傳）史記貨殖傳及漢書地理志皆言番禺爲一都會，多犀象、瑇瑁、珠璣、銀、銅、果布之湊，中國經商賈者多取富。

據張燮東西洋考卷二，所載暹羅物產亦有珠、寶石、玳瑁、犀角、象牙、翠羽，花錫、片腦等，於明代為貢品。又謝清高海錄卷上暹羅條，記暹羅土產有金、銀、鐵、錫、瑇瑁、檳榔、椰子、速香、沉香、伽楠香、象牙、犀角、孔雀、翡翠、象、水鹿、山馬等。又謂「犀角有二種。色黑而大者為風角，價賤，極大者重二三斤。小者亦重斤餘。其色稍白，而尖有一潤暈上者為天冒角，其潤暈上至頂者亦不易得，若暈上二三分無潤而圓滿，色潤而微紅者則貴矣。」是前漢時在番禺貿易之貨物多產於暹羅，則其時之南海貿易人當有暹羅人在內也。犀角在漢初為重要之貿易，史記及漢書言南海貿易貨物皆以之為首。新唐書卷二二二下訶陵傳云：「墮和羅國多產犀，世謂墮和羅犀。」墮和羅國即今暹羅之南部。（詳見後）暹羅在唐代既以產犀著名，在漢代亦必如是，其時番禺主要貿易之犀角，必多來自暹羅。由此言之，暹羅於秦漢之際，已與中國通商矣。

當漢武帝時，南海諸國多來貢獻，漢使亦由海道往南海諸國，且遠至印度。漢書卷二八下地理志云：

自日南障塞，徐聞合浦，船行可五月有都元國，又船行可四月，有邑盧沒國，又船行可二十餘日，有諶離國，步行可十餘日，有夫甘都盧國。自夫甘都盧國船行可二月餘，有黃支國，民俗略與珠厓相類。其州廣大，戶口多，多異物，自武帝以來皆獻見。有譯長屬黃門，與應募者俱入海，市明珠璧流離，奇石異物，齎黃金雜繒而往，所至國皆稟食為耦，蠻夷賈船轉送致之，亦利交易剽殺人。又苦逢風波溺死，不者數年來還。大珠至圍二寸以下。平帝元始中（公元一至五年）王莽輔政，欲耀威德，厚遺黃支王，令遣使獻生犀牛。自黃支船行可八月到皮宗，船行可二月，到日南象林界云。黃支之南有已程不國，漢之譯使自此還矣。

日人藤田豐八嘗考證上述諸國名，以為都元國即通典卷一八八南蠻下之都昆或都軍，位在蘇門答臘之北岸；以皮宗當馬來半島附近之Pisang島；以諶離國為驃國悉利城，以夫甘都盧國當緬甸之蒲甘國。又以黃支國即新唐書南蠻傳中之千支弗，而與西域記之建志補羅（KanciPura）爲同名異譯，乃達羅毗荼（Dravida）國之都城，在南印度海口。故漢使之足跡遠達此來，緬甸與印度，則其對於較近之暹羅必亦履其境矣。其所譯諸國中有所謂邑盧沒國，藤田豐八以此國爲新唐書南蠻傳中所記盤盤國東南之拘蔞密，而位之於緬甸南部濱海地方。（見何健民譯中國古代交通叢考九九至一二五頁）然據格羅尼微特（Groeneveldt）謂，盤盤即馬來半島東岸暹羅灣上之PumPin，藤田氏亦稱其所考甚近事實。（見同上書一二一頁）拘蔞密既在盤盤國之東南，似不宜再位之於緬甸沿岸矣。唐會要卷一百云：「拘蔞密在林邑之西，陸路三月行，出居饒象，並養之，以供用。」依此所言方位與路程求之，似當在今暹羅境內。新唐書南蠻傳且謂，拘蔞密與赤土，墮和羅同俗，可知其地若非在暹羅境內、則必在其附近。

後漢時稱南方海國為「日南徼外蠻夷。」日南爲兩漢時代最南之郡名，而象林爲其郡中最南之縣，在今安南廣南一帶地方。當時從日南徼外來獻者，許有撣國，天竺，大秦等國。撣國地處上緬甸，泰族未遷入暹羅之前，其祖宗原居於此。至三國時，孫權嘗遣使南宣國化，當時往扶南各國，曾從日南之盧容浦口出發。水經注卷三六溫水條，引康泰扶南記云：「從林邑至日南盧容浦口可二百餘里，從口（係日之誤）南發，往扶南諸國，常從此口出也。」扶南即今柬埔寨，與暹羅壤地相接，同處於暹羅灣沿岸，並得湄公河航行之便。日南旣與扶南有來往，其與暹羅沿海之地亦必有海上之交通。梁書卷五四海南諸國傳，其總敍云：「及吳孫權時，遣宣化從事朱應中郎康泰通焉。其所經及傳聞則有百數十國，因立記傳。」康泰朱應等所作傳記皆已佚，惟康泰吳時外國傳及扶南傳，其文散見類書中。日人駒井義明曾在其所謂孫權之南方遣使「文中，略爲鉤稽，所輯國名十有二，並考康泰之行程，其結論謂：康泰等沿林邑（安南）南下，經扶南（柬埔寨）諸薄等國，林陽國（暹羅），渡金鄰大灣（暹羅灣），沿烏文（馬來半島）頓遜等國（緬甸沿岸），抵恆河口南下，至斯調洲（Ceylan）而還。（馮承鈞南洋交通史上編第二章所引）。是暹羅在吳時爲林陽國，孫權使者康泰等曾歷其地。水經注卷一引竺芝扶南記稱，林陽國陸地距金鄰國二千里。康熙字典作金潾，謂爲交趾地名。太平御覽卷七八七引康泰扶南土俗曰：「扶南之西南有林陽國，去扶南七千里，土地奉佛，有數千沙門。」又引南州異物志云：「林陽在扶南西七千餘里。」林陽國在柬埔寨之西，當爲今暹羅地無疑矣。

唐玄宗天寶元年（公元七四二年）有中國僧人鑑眞赴日本傳戒，日本僧人元開著有唐戒師鑑眞行記，述及當時廣州情形，謂廣州珠「江中有婆羅門，波斯崑崙等舶，不知其數。」咸通時，樊綽所著蠻書卷六載有一地名大銀孔，謂「婆羅門，波斯闍婆，勃泥，崑崙數種外道交易之處。」費瑯（G. Ferrand）在其南海中之波斯一文稱，大銀孔似在暹羅灣中。又謂上引二文中，與婆羅門，波斯並言之崑崙，即歹夷（泰族）未南下以前，居留暹羅南部湄南（Uenam）下流之種族，似屬於猛種（Uon）。（馮承鈞譯西域南海史地考證譯叢續編）惟據共丕耶達嗎鑾拉貴奴帕（Krom Phraya Damrong Raja Nubhab 或譯爲曇隆親王）暹羅古代史則謂其地爲佬族（Lao）所居。然不論其爲何種族，在第八第九世紀間，固已有暹羅船（崑崙船）往來於廣州及暹羅灣中矣。

據藤田豐八之意見，以爲在唐以前即有崑崙舶航行於交州廣州之地。晉書義陽成王望傳，紀其孫奇之貪貨云：「奇亦好畜聚，不知紀極，遣三部使到交廣商貨，爲有司所奏。」藤田氏於其宋代市舶司及市舶條例中言：「晉史所傳交廣之珍異，似專產於該地，但此乃對中土立言耳，多皆由海上貿易所獲，殆無疑義。而所謂奇到交廣商貨者，即指與崑崙舶之交易也。崑崙之名當時已聞於宮中。此見晉書孝武文李太后傳：時后爲宮人，在織坊中形長而色黑，宮人皆謂之崑崙云云，亦可知之。故又可以想見當使海舶貢獻崑崙之奴子也。」（何健民譯中國南海古代交通叢考二四二頁）。

新唐書隋和羅傳載：貞觀二十三年獻火珠。又新唐書丘和傳云：和拜交趾太守，「林邑西諸國數遺和明珠文犀金寶，故和富埒王者。」是亦可證交廣之珍異多由與林邑西之暹羅等地貿易而得也。

又據李長傅南洋華僑史第六章云：「中暹國際交通自蘇庫泰伊（Sukhothai）王丕耶路斯朝貢中國爲始，丕耶路斯之親航中國，在佛滅一千二百年間，當我梁末至隋代，彼曾朝貢何國，不得而知。相傳當時有中國公主下嫁暹王爲妃之事，並有陶器製造工人及其他美術工藝家五百人隨之南來。據暹羅史乘所載，公主篤信佛教，因暹羅佛教興盛，故願下嫁云。蘇庫泰伊國王卒，其子 Pasuch 嗣位，發生內亂，求中國之應援。中國朝廷以暹羅王係中國外孫爲口實，遣武器製造工人十名及戰士多名與之。暹羅之鑄大礮，燒粘土以作礮彈，以及鑄礮之方法，皆由此時工人傳入。嗣後中國與暹羅修好，入貢不絕。」此段記載不見於中國書籍，李氏註謂「據在暹羅日本人會暹羅事情七八頁至七九頁。」倘此記載果確，則中暹關係於南北朝時已臻密切矣。然據諸暹史，所謂蘇庫泰時代乃開始於佛曆一千八百年（公元十三世紀）泰族在暹建國，以蘇庫泰爲京都之時。以前蘇庫泰爲吉蔑（Khmer）之屬地，略爲北部重鎮，但並未建設爲國都。故南洋華僑史所謂蘇庫泰王丕耶路斯於佛曆一千二百年間朝貢中國，其年代當有錯誤。公元第十三世紀末蘇庫泰王朝第三世君主兩嘗親至中國朝貢，但在元成宗時，（詳見後）而非在梁末之時也。

共丕耶丹隆拉查奴帕（曇隆親王）謂，泰族在暹建國始於元初。在泰族未入暹羅之前，其地蓋爲三種民族所據：一曰吉蔑族（原譯作考本），居於暹羅之東南，即今柬埔寨地方；二曰佬族（Lao）即所謂臘娃（Lawo）者居於中部，其境界自暹羅灣至湄公河以北，即今暹羅各省；三曰猛族（Mon）（原譯作孟族）居處於今日之緬甸南部。吉蔑佬猛三族體態相同，言語亦相似，原始或爲一種族。大概亦來自北方。（參考王又申譯暹羅古代史第一章）至於暹羅最初之居民，據人類學家研究，當爲現在殖居於馬來半島叢林中之塞曼矮人（Semang Pygmies）之直系祖宗。而史密德司鐸（Rev. Wilhelm Schmidt）且以爲此種矮人殆爲後來體格較高大種族之祖宗。（見陳禮頌譯暹羅人種與民族學的研究載南洋學報二卷二輯）然歷史渺遠者可置而勿論，今但述泰族移殖暹羅前之情形，及其與中國之關係。

其時在暹羅之居民以佬族最爲繁盛，據有三區完整之領土。南部陀羅鉢底（Dvaravati）北部央（Young）或庸那迦（Yonaka），東部寇達臘奔（Kotrobura）地區，各自獨立，不相統屬，時戰時和。約在佛曆一千一百年間（公紀元第六世紀），佬族漸衰，而吉蔑族則日見興盛，逐漸脫離並終爲吉蔑人所吞併，不久又擺脫羅斛底至佛曆一千五百年間（公元第十世紀）再擴張領土至庸那迦地。此後又臣服於暹羅二百餘年之久。由此觀之，則中國南北朝至趙宋初，歷代倘有暹羅國王入貢，恐爲佬族之首長之一，或後來之佬族之吉蔑王，決非後來之泰族。據佛曆一千四百年間（第九世紀時傳宗時）有今暹羅泰人所認爲其祖國之各部國王十九所皆爲公主之史事，則南詔所稱傳史所述「中國公主下嫁爲王妃之事」，其殆此傳說之誤歟。

古代吉蔑族所居之地，即今之柬埔寨，據暹史載於佛曆六百年間（公元第一世紀）有一印度人爲吉蔑王。蓋有印度之婆羅門教徒名剛讀惹（Kaundinya）者，曾與吉蔑王之女丕耶締婚，自此吉蔑王族遂變爲印度人血統，而被印度文化爲。（王又申譯暹羅古代史七頁）。按此即晉書卷九十七，南齊書卷五十八，及梁書卷五十四，扶南傳所記：

女王柳葉之時，其南徼國有事鬼神者，字混塡（晉書作混潰）乘船入扶南外邑。柳葉人衆見船至，欲取之。混塡即張弓射其船，穿一面，矢及侍者。柳葉大懼，舉衆降混塡。混塡乃教柳葉穿布貫頭，形不復露，遂治其國，納柳葉爲妻，生子分王七邑。

伯希和（P. pelliot）考定，混塡至扶南之時，最晚不過一世紀下半葉，費瑯（G. Ferrend）則以爲應在紀元以前。（馮承鈞譯崑崙及南海古代航行考九六至九九頁）。

晉武帝泰始（公元二六五至二七四年）初，扶南遣使貢獻，太康中又頻來。（晉書扶南傳）。宋末扶南王憍陳如遣商貨至廣州。天竺道人那伽仙附載欲歸國，遭風至林邑，掠其財物皆盡。那伽仙間道得達扶南，具說中國有聖主受命。（南齊書扶南傳）。是扶南與中國在齊初已發生政治關係，而其時航行已暢通，貿易來往，因而頻繁。齊梁時佛教盛行於其地。第五世紀末，有扶南國僧人來中國。其一僧名僧伽婆羅，梁言僧養，聞齊國弘法，隨舶至都，住正觀寺。梁天監五年（公元五〇六年），武帝敕召於扶南館等五處傳譯佛經，十有六年。又有一扶南沙門名曼陀羅，梁言弘弱，於天監二年大齎梵本，遠來貢獻，敕與婆羅共譯經三部。（見續高僧傳卷一本傳）。是扶南在當時已成爲中印文化交通之橋紐也。扶南即今柬埔寨亦即古代吉蔑人所居之地。吉蔑人於第六世紀佔領暹羅盤奔與墮羅鉢底，已如前述，則南洋華僑史所謂於梁末入貢中國之暹羅王或即當時統治暹羅之吉蔑王，蓋其時代適相合也。

第二節　關於赤土國是否暹羅問題

隋以後之中暹交通，見於史載者，有赤土國。前人多謂赤土國即今之暹羅。明張燮東西洋考卷二暹羅條云：「暹羅在南海，古赤土及婆羅剎地也。以赤土、故後人訛爲赤眉遺種。」又明史卷三二四外國傳暹羅條亦謂，暹羅即隋唐赤土國，後分爲羅斛暹二國。顧炎武天下郡國利病書卷一一九，海外諸蕃，所述暹羅國爲古赤土及婆羅剎，與東西洋考相同。

欲明赤土國是否即今之暹羅，不可不探考赤土國之方位。隋書卷八二赤土傳云：

赤土國，扶南之別種也，在南海中，水行百餘日而達。所都土色多赤，因以爲號。東婆羅剎國，西婆羅娑國，南訶羅旦國，北拒大海，地方數千里。

杜佑通典卷一八八赤土國云：

赤土國，隋時通焉。扶南之別種也。在南海之南，浮海水行，便風十餘日，經雞籠島至其國。所都土色多赤，因以爲號。東婆羅剌國，西婆羅國，南訶羅旦國，北拒大海，地方數千里。王姓瞿曇氏，名利富多塞，不知有國近遠，居僧祇城，亦曰師子城。有門三重，相去各百許步。王宮諸屋悉是重閣。北面而坐三重榻。衣朝霞布，冠金花冠，垂雜寶瓔珞。王榻後作一木龕，以金銀五香木雜鈿之。龕後懸一金光焰，夾榻婚冠後。其官薩陀伽羅一人，陀拏達叉三人，迦利密迦三人，共掌政事。俱羅末帝一人掌刑法。每城置那邪迦一人，鉢帝一人。其俗皆穿耳剪髮，無跪拜之禮。以香油塗身。俗敬佛，尤重婆羅門。婦人作髻於項後。男女通以朝霞朝雲雜色布爲衣。豪富之室，恣意華靡，惟金鎖非王賜不得用。冬日炎熱，雨多霽少，種植無時，特宜稻穄，白豆黑麻。自餘物產多同於交趾。以其蔗作酒，雜以紫瓜根。戲有雙六，雜卜。冬至之日影西在下，夏至日影在南，戶皆北向。

此段所敍赤土國之位置城郭官制風俗習慣以及土產，頗爲詳盡。隋書所載多相同。宋鄭樵通志卷一八九，及馬端臨文獻通考卷三三一皆有記述，惟均錄自隋書。據通典及隋書所述赤土國之方位而言，實難斷爲即今之暹羅本部。故清季鄒代鈞著西征紀程，曾考證之。其言曰：

明人四夷考謂暹羅即古赤土國地。按隋書赤土國扶南別種，在南海中，又云北拒大海。凡南徼之地北拒大海者，非南島不可。是赤土實爲島國，非暹羅明甚。觀常駿王君政所經地望準之，赤土當在南洋羣島中，殆即今之婆羅洲。（小方壺齋輿地叢鈔第十一帙）

法國學者伯希和亦曰：

有人謂赤土即是暹羅，而地在暹羅之南者，應想及馬來半島。然余以爲赤土不能必爲暹羅。其境界頗難索解，其接界之國，應有扶南或眞臘之類者，乃東有婆羅剌，西婆羅娑，而此種國名不見他書著錄也。其應尤注意者，赤土北拒大海一語，乃暹羅之北，並無大海。（馮承鈞譯交廣印度兩道考二九頁）

惟伯希和亦曾一度認爲即今之暹羅。費瑯於其所著崑崙及南海古代航行考曰：

按赤土國，伯希和君以爲即暹羅，一說也。然其考定，不能認爲正確。……通考所誌，婆羅剌婆羅娑二國，今皆無考。至訶羅旦即宋史之呵羅單，經吾人考定，在今之爪哇。赤土國既北拒大海，應非暹羅國。（馮承鈞譯本十六頁）

費瑯又考其官號，謂「那邪迦」爲馬來羣島中爪哇語之 Nayaka，與他語相同，梵語亦爲 Nayaka，猶言首領也。「鉢帝」即馬來語之 Patih，古爪哇語及今爪哇語皆相同。費氏復據文獻通考所載常駿使赤土事，而考其行程，以爲常駿發航於廣州，航經林邑、沿眞臘之南岸，至 Camau 角，（馮承鈞註謂其地在安南南圻之北柳）。西渡暹羅海灣，至馬來半島東岸之大坤（Ligor），偏南之海岸。沿岸北行，此處亦有島嶼，然不及通考所誌之多，旋經狼牙脩，此地即 Lenkasuka，在北緯七度四十三分，雞籠島爲北緯十度之一島。赤土國應在克拉（Kra）地峽以北，暹羅灣兩岸之一地。（見同上書三九頁）。馮承鈞則謂狼牙須之方位在盤盤國之南，而赤土又在此狼牙須國之南，殆爲克拉地峽南方之一國。此赤土國在馬來半島之中，蓋考證在暹羅境內說也。（中國南洋交通史四一頁）丁謙各史外國傳地理考證以爲赤土在今北大年（Pattani）吉蘭丹（Kelantan）丁家奴（Trengganu）一帶地方。日人高桑駒吉所著[illegible]考證以爲在今暹羅屬馬來半島。許雲樵赤土國考則以爲在今宋卡（Singora）北大年一帶。而荷人蒙士（Ir.J.L.Moens）考赤土係暹羅之巴達侖（Patalung），在宋卡府北。

上述各人考證，結論雖有不同，要其所考地點皆不出馬來半島之上，就中以許雲樵之說較爲近是。許氏證赤土於宋卡北大年一帶，非僅「北拒大海」與隋書不背，尚有其他佐證在焉。（一）隋書云其王居僧祇城，通典云亦曰師子城，其音讀與宋卡原名Singora相合，譯言「師子城。」（二）宋卡北大年一帶土色多赤，尚以鐵銹色著稱。且據宋卡紀年云，昔巫人建都之處在赤山（Khao Daeng）旁，益覺吻合。（三）隋書明載赤土乃扶南之別種。扶南業經伯希和考定其本部在今湄滄江下游，其人種乃猛吉蔑族（Mon Khmer）即今柬埔寨人。別族當爲其別一部族。吾人固知猛吉蔑人在馬來人入半島之前，已先散佈於半島北部，其勢力自五世紀起約歷四百餘年之久，始爲巫人所替。（見南洋學報二卷三輯）。許氏又云：梵語「那邪迦」，今暹語中亦有之，惟讀作Nayok，意爲首領。例如國務院長即稱 Nayok Rathamantri。「鉢帝」亦出梵語，暹語亦有之，惟轉作 Badi，即主人或統治者之義。昔王號官銜內多有用此字者。（見同上）惟宋卡在北緯七度十三分，冬至日影在北，而不在下，與史文剛同，是與通典所載不符耳。

據前面所引諸考證，赤土國若果在宋卡或馬來半島之另一處，固非暹羅本部，但其地為暹羅領土。隋唐時，赤土國在南海中殆為較著名而較大之國，或領有今暹羅西南部及馬來半島北部之地，而以宋卡為首都。隋書謂雞籠島為赤土之界，月餘至其都，則其邊境距離都城不下二千里。且隋書亦謂其地方數千里，其王不知有國遠近，是可見其領土頗廣也。常駿等出使其國，乃至其都，而未遍歷其全境。隋書及通典所述，或據傳聞，或據常駿等觀覽所及之報告，其所載之方位當不能吻合，蓋當時人之地理知識淺薄，固難求其所述之確切也。千餘年後，嘉慶重修大清一統志所載暹羅之方位亦難索解，其註云：「在占城西南，東連大泥，西接闍場，北界大海，國周千里。」（卷五五二暹羅國）暹羅之北無大海，是殆猶沿赤土傳之誤歟？當明清之際已有世界輿圖傳入中國，中西海上交通業已發達，然嘉慶一統志仍不免有誤，況在隋唐之時乎？

明隆慶六年十月添設暹羅館，聘暹人握文源任教習，時宗成為提督，課業之暇，因令譯事握文源且述彼國之風土物產如下：

其國東連大泥，南臨東牛，西鄰闍場，北界大海。由廣東香山縣登舟，用北風，下指南針，向午行，出大海，名七洲洋，十晝夜可抵安南海，中有一山名外羅山，八晝夜可抵占城海，次十二晝夜可抵大崑崙山，又用東北風轉舟向未坤申三分，五晝夜可抵大真樹港，五晝夜可抵暹羅港，入港達二百里，即淡水，又五日抵暹羅城。此皆以順風計，約四十日可至其國。（四夷館考卷下，羅振玉校刊本）

此出自暹人口中者也，其所述航行方向歷歷不誤，惟於「北界大海」一語，與赤土傳相同。余疑「大海」二字非指海洋而言，乃赤土國北方一埠名之譯音，其地殆即緬甸南境之 Tavoy，而爲今日尚留存之古名。宋趙汝适諸蕃志卷上眞臘國條，記眞臘屬國中有杜懷一國，或即指此地。廣東音讀「大海」如 Tawhoy，其音相近，故「大海」二字或即此地名之譯音。其地當北緯十四度，是赤土國之領土約在北緯十四度以南，及北緯六度以北一帶地方，即今湄濱河之西南，暹屬馬來半島及緬甸南境伸入馬來半島之一部。

明嚴從簡殊域周咨錄卷八云：

暹羅國本暹與羅斛二國之地。暹古名赤土，羅斛古名婆羅剎也。

此謂暹古名赤土，實非，蓋暹在羅斛之北，與通典所言「東婆羅剎國」不合，惟其謂羅斛古名婆羅剎則近是。羅斛即古墮羅鉢底國地，赤土在其西是也。故赤土國爲今暹羅國之一部，但非全境，蓋暹羅之統一乃元代以後事，以前尙分爲數部落也。

隋書卷八二婆利傳云：「婆利國自交趾浮海過赤土，丹丹，乃至其國。」是丹丹國在赤土之南。據馮承鈞謂丹丹在今馬來半島（見中國南洋交通史下編第六章註一）。丁謙梁書夷貊傳地理考證云：「按赤土在狼牙脩南，而丹丹與赤土相接，當即馬來半島中，吉蘭丹部地。吉蘭丹急讀之則爲丹丹。」（浙江圖書館叢書第一集）赤土國既在其北，則當爲今暹屬馬來半島之地。吉蘭丹當北緯六度南，是與上述赤土國領土在北緯六度以北正相合也。又舊唐書卷二四七婆利國傳云：「自交州南渡海，經林邑，扶南，赤土，丹丹諸國，乃至焉。」是赤土國在今柬埔寨（扶南）與吉蘭丹之間則其在今暹羅領土內可知矣。唐貞觀時（公元六二七年至六四九年）赤土國遣使與婆利，羅刹，林邑等國使者偕來朝貢。隋書卷八二眞臘傳：「眞臘國王寶榻之裝飾，及其國人之居處器物皆類赤土。」是又可證赤土與林邑眞臘爲近鄰。林邑爲今安南地，眞臘卽古之扶南，今之柬埔寨。由此推之，赤土國亦當在暹羅境內。

赤土國旣爲暹羅國領土之一部，則亦可謂暹羅在隋時與中國通好。當常駿等使其國時，其國王以盛禮相迎，餞之奏天竺樂，大張筵宴，並謂駿曰：「今是大國臣，非復赤土國矣。飲食疏薄，願爲大國意而食之。」是其對中國使者如何恭而有禮也。常駿等將還，禮遣甚厚，並遣其子那邪迦隨駿貢方物。駿以大業六年（公元六一〇年）春，與那邪迦於弘農謁帝。帝大悅，官賞各有差。（隋書卷八二赤土傳）

赤土國自唐貞觀時入貢以後，卽不再見於中國史籍，蓋其時吉蔑（眞臘）强盛征服暹羅各部落。赤土國據隋書所載，爲扶南別種，亦屬猛吉蔑族，當爲眞臘所倂矣。

第三節　墮羅鉢底國卽今暹羅本部

在唐書中有墮羅鉢底國，與羅越同俗。（見新唐書卷二二二下單單傳）玄奘大唐西域記卷十三摩呾吒國條，著錄南海六國中，亦有墮羅鉢底國。義淨南海寄歸傳卷一東裔諸國注，作杜和鉢底國，謂在郎加戍之東。據日人藤田豐八考證，謂墮羅鉢底（Dvaravati）爲暹羅舊都阿瑜陀（Ayuthia）之梵名。（島夷志略校注羅衛條）又許雲樵赤土國考謂杜和鉢底亦卽舊唐書之墮和羅，今暹羅本部地。據丁謙考證，則謂在今緬甸東南瀕海卑地。

（見新唐書南蠻列傳地理考證）

按許說近是，蓋舊唐書載墮和羅國南與盤盤接，而盤盤與牙狼脩爲鄰。（卷一九七盤盤國傳）格羅尼微特（Groeneveldt）謂，盤盤即暹羅灣上之 Punpin（Note on the Malay Archipelago）。據此，則墮和羅應在今暹羅爲是。又新唐書卷二二二下驃國傳謂有屬國十八，中有迦婆羅揭國。岑鄰以爲此國「似即玄奘西域記所記室利差呾羅國 Cṛksetra（今之緬甸）之東，伊賞那補羅 Içanapura（今之柬埔寨）之西，之墮羅鉢底。」（崑崙及南海古代航行考十一頁）依岑氏之說，則墮羅鉢底國又名迦羅婆提國，其方位在柬埔寨之西，緬甸以東，非暹羅而何？且舊唐書卷一九七真臘傳亦明言墮羅鉢底國在水真臘之西。

新唐書卷二二二下訶陵傳曰：

「貞觀中，與墮和羅墮婆登皆遣使者入貢，太宗以璽詔優答。墮和羅丐良馬，帝與之。」

又曰：

「墮和羅亦曰獨和羅，南距盤盤，北迦羅舍佛，西屬海，東真臘。自廣州行五月乃至，國多美犀，世謂墮和羅犀。有二屬國，曰曇陵，陀洹。曇陵在海洲中。陀洹一曰耨陀洹，在環王西南海中，與墮和羅接。自交州行五十日乃至。王姓察失利，名婆那，字婆末。無蠶絲，有稻，麥，麻，豆，畜有白象，牛，羊，豬。俗喜樓居，謂爲干欄。以白氎朝霞布爲衣。親喪在室不食，燔屍已，則剔髮，浴於池，然後食。貞觀時，並遣使者再入朝，又獻婆律膏，白鸚鵡，首有十紅毛，齊於翅，因丐馬銅鐘，帝與之。」

此墮羅鉢底在唐時之情況，及其與中國來往之概略也。所言物產與暹羅相合，以白氎朝霞布爲衣，則與赤土國之習俗相同，燔屍亦爲佛教國有之。墮和羅新唐書又作投和。蓋宋祁不解譯音通轉，遂誤爲二國也。

現代暹羅史家發隆親王著暹羅佛教史，述佛教之傳入暹國，可分爲七期。而以墮羅鉢底時代（約當佛曆五百年，公元前四三年）爲第一期。暹羅最古之佛教作品，今所存者，即在墮羅鉢底國舊址那坤巴統（Nagara Pat-Phom）爲最多。墮羅鉢底時代所建佛塔皆屬於小乘教者，所造佛像或立或趺，狀態奇異。在暹羅東南部之柯叻省（Korat）柏泰頌縣境內，屢發見此種古佛像。蓋此地乃墮羅鉢底時代印度佛教傳入所必經之路也。又在巴眞布里府（Pracinburi）境內一舊城址中，亦曾發見同樣之佛像，其像以金鑄成。暹羅王拉瑪四世賜名曰「柏尼蘭逵萊佛。」據此以推，則古代墮羅鉢底國之境界達於柯叻與巴眞布里二地，換言之，即在今暹羅東南部也。（參考謝猶榮譯泰國歷代之佛教藝術，南洋學報二卷三輯）

墮羅鉢底國於前漢時已建立，勢力頗盛，至唐初仍不衰，尚有兩屬國。暹羅古代史謂佛曆一千一百年間（第六世紀）遶羅臘奔之後，勢漸衰微，內亂頻起，遂被印度化之吉蔑人所吞併。吉蔑人既滅遶羅臘奔，勢力益張，不久又吞滅墮羅鉢底，至佛曆一千五百年間，更擴張領土至甯那迦地。

墮羅鉢底國即後來之羅斛國境地，亦即隋書赤土傳所言之婆羅剌國或稱羅剎國也。赤土國在其西，嘗與墮羅鉢底國先後被吉蔑所滅矣。吉蔑所建之眞臘國，本爲扶南屬國，貞觀初，併扶南而有其地。第七世紀末，分陸眞臘水眞臘二國。至公元八〇二年，兩國復合爲一，擴張領土。趙汝适諸蕃志卷上及宋史卷四八九眞臘傳，皆言其國境東至海，西至蒲甘，南至加羅希。其屬國有登流眉，蒲甘、羅斛等十餘國，可證墮和羅於唐宋之際已被眞臘所併矣。

開元四年（公元七一六年）有胡人上言：「海南多珠翠奇寶，可往營致，因言市舶之利。又欲往師子國求靈藥，及善醫之嫗，寘之宮掖。上命監察御史楊範臣與胡人偕往求之。」（資治通鑑卷二百十一）此處所謂南海卽胡三省所注「謂林邑、扶南，眞臘諸國也。」而獨不言暹羅之地，蓋其時暹羅各部落尙未統一，且先後曾隸屬於扶南及眞臘也。公元八六三年樊綽所著蠻書卷十謂，眞臘與鎭南蠻接界，四十年後，甘渤闍 Kambujadeca（眞臘）國王 Ya,canvarman稱，其國境與中國及海水相接。時暹羅南部湄南江流域悉爲吉蔑族之眞臘帝國所管領，卽北部之金城（Xien Sen）庸那迦等國咸隸屬於眞臘。（參考馮承鈞譯西域南海史地考證譯叢一四八至一五三頁）故元以前中國史書但言眞臘及羅斛，而不言暹羅其他部落者蓋以此也。

第二章 泰族之源流及其與中國之關係

第一節 泰族之分佈區域與雲南之擺夷

吾人於述泰人在暹建國之前，月先爲泰族之溯源。考古家溫斯登博士於一九三三年七月間在檳城演講古打及威斯省之古史云：

據彼發現之結果，當耶穌紀元前四千年前，暹羅人之祖宗係在上海與廣州，而馬來人之祖宗則居于中國南部，巴布亞人種則繁殖於華南各省及中南半島之北部。彼時純正之中國人係在黃河流域。中國人最喜子孫，遂日就繁殖，將緊鄰之暹羅，馬來，巴布亞各種人驅迫南下。因此暹羅人爲自身地位計，更迫馬來人南下，而馬來人則驅逐巴布亞人南下云。（劉繼宣．東世澂中華民族拓殖南洋史導言，引華僑半月刊第二十九期）

暹羅史家共丕耶達瑪蠻拉查奴帕所著暹羅古代史亦謂：

泰族初發源於中國之南方，如雲南、貴州、廣西、廣東四省，以前皆爲獨立國家。泰人故處無……漢。領人稱之曰番。至於泰人放棄故土，遷徙緬甸及老撾等地之原因，實由於[illegible]泰各，地與開族漢人族抗衡，又不肯受統治，不得已而移居西方，另闢新土。一部份沿怒江流域（即薩爾溫江）入緬甸，抵亞山省內名曰大泰；另一部向南而移，抵東京及湄江以北之十二朱泰，十二版那等地，名曰小泰。實爲暹羅泰人及靑冬，靑龍，黎人，撻人之始祖也。（王又申譯本十二頁）考民族之遷移，固有政治原因，而生活環境及經濟狀況之窘迫，亦可使一部人民向他處移殖如閩粤僑胞之向南洋拓殖是也。故謂暹羅人，爲來人，及巴布亞人皆受漢族之驅迫而南下者，則未免過甚其詞矣。兩種民族相處，其文化低者往往受文化高者之影響，至同化混合而不易分辨。今泰族之在中國境內者多被漢化。其在暹羅之泰族是否原居中華土地，則爲尚待研究之問題。中國西南部與中南半島地形相接，山脈河流相通，自北而南橫斷其間，與黃河揚子江流域之山脈河流自西而東者，地勢完全不同。且雲南境內多山，少平原之地，氣候惡劣，爲煙瘴之區。故中國西南民族若有一部分向南移殖者，乃順乎自然地理之勢，及出於經濟環境之需要也。

至所謂泰族者，乃根據語言學之區分，然同一語言者，未可遽判爲同一種族，蓋民族學之區分，除語言外，尚須根據體質文化與歷史也。就語言而論，說泰語之民族分佈頗廣，在中國西南邊省及中南半島上皆有之。今暹羅卽爲泰語系中最進步之民族所建國家。英人戴維斯（H.R.Davies）曾將我國西南民族分爲猛吉蔑語（Mon-Khmer Family）撣語（Sham Family），藏緬語（Tibeto Burma Family）三大系。丁文江就戴氏之說加以訂正，將猛吉蔑語系中之苗傜與交趾分開，與擺人藏緬人並列爲四類。（爨文叢刻自序）聞宥支那語族概況則分爲西藏緬甸語系與漢泰語系二類，復將泰語分爲南中東三組。（邊政公論一卷第五、六合期）羅莘田從語言上論雲南民族的分類則又分爲漢藏語系與南亞系二類，而將擺語組列入漢藏語系中。可見擺語族（或泰語族）實爲中國西南之主要民族。

廣西省之僮人，儂人，貴州之仲家，雲南之擺夷，呂人，彝人，沙人，及海南島之黎人，皆操泰語或近似泰語者也。故在語言上，彼等與暹羅之泰族，緬甸之撣族，以及越南之牢族（Lao），既屬同一語系，則似不無淵源之關係矣。而其實則不然。廣西省之土人，以僮人爲最多，但其人所說者爲僮語，而不知泰語爲何物也。且僮人多能說粵語及官話，自稱其祖先乃自山東，安徽，江西等省遷來，習當地土著語言，而變爲僮人。故今之僮人實多爲漢人子孫，據廣西年鑑人口統計中，僮人不另立一項，以其與漢人已無別也。貴州之仲家，據貴州通志載：「五代時，楚王馬殷自邕管遷來。」其自稱爲濮越，濮拉子，濮儸子，並無泰人之名，且自認爲漢人子孫，其祖宗係從江西遷來。據克拉氏（Clark）之研究，其語言雖近泰語，但每三字之中即有一漢字。（Clark：Among the Tribes in South-West China P.94）又謂漢人與仲家通婚已久，今之仲家已混有漢人血統，是仲家之體質與文化均同化於漢族矣。至於海南島之黎人約有二十五萬，其語言雖近似泰語，然其體質與文化均與其他任何操泰語者迥殊。（參考凌純聲中國與所謂泰族之關係，載青年中國季刊第二期）由是言之，黔粵等省操近似泰語之民族，皆與暹羅泰人若「風馬牛不相及」也。惟雲南西南邊境之擺夷；其自稱爲「泰，」且與暹羅，緬甸泰族所居之地密接，言語文化頗相同，是則其關係當不可否認也。

就歷史而言，泰族之名不見於中國載籍。惟元時曾有「歹人」之音譯。在後漢書中有與其讀音相近之「撣。」後漢書卷一一六南蠻及西南夷傳云：

和帝永元九年（公元九七年）正月，永昌徼外蠻夷，及撣國王雍由調，遣重譯奉國珍寶。

原註云：

撣音擅，東觀作擅，俗本以禪字相類，或作禪音，誤。

永寧元年（公元一二〇年）撣國王雍由調復遣使者詣闕朝賀，獻樂及幻人……自言我海西人。海西即大秦也，撣國西南通大秦。明年元會，安帝作樂於庭，封雍由調爲漢大都尉。

又順帝本紀：

永建六年（公元一三一年）撣國遣使貢獻。

原註云：

東觀漢記撣國王雍由賜金紫印綬。撣音擅。

按撣音擅三字，光武，安，順三紀注中皆復見。此所貫撣國，殆即暹羅(Siam)民族所立之國。後漢書稱「徼外」，是其國在蠻夷界外，不在中國境內也。凌純聲謂漢時之撣國，當在伊洛瓦底江上游一帶。哈勒（H.S.Hallett）根據緬甸史謂泰人在伊洛瓦底江建國約在公元前五二三年之前。又厄利亞氏（Ney Elias）引泰人自己之紀載，謂猛康創立於公元前五一九年，木邦在公元前四四一年，猛緬在公元前四二三年。由上所述，可知所謂泰族者猶古不在中國。（凌氏中國與所謂泰族之關係）

但在後漢時，其民族已東遷至中國西南境。常璩華陽國志南中志載：

三國時，越嶲叟帥高定元，牂牁帥朱提，益州大姓雍闓反，使孟獲說夷叟。諸葛亮南征到白崖（在今雲南臨江境內）殺雍闓，服孟獲，移青羌兵萬餘家於四川，分其羸弱配大姓焦，雍、婁、爨、孟、量、毛、李為部曲。」

雍闓府即釋國雍由調之後。孟氏亦為釋族。明嚴從簡殊域周咨錄卷九雲南百夷載云：

於孟密安撫司與漢孟獲之地，朝廷每歲取辦寶石於此。其他如俗鬼術甚驗，有名地羊鬼者，擅能以土木易人肢臟。當其易時，中術者不知也。憑其術數為時而發，發則腹中痛矣。痛必死而五臟盡，乃知土木。——……當觀演義，三國諸葛七擒孟獲，蠻夷多有怪術，於今驗之，果然。今孟獲子孫尚繁。

據此是緬甸人的生活記緬甸之釋人稱，釋為暹羅之嫡系，並越於緬暹接壤一帶之地，男好武，喜邪術，緬甸之術士多為其專業。（東方雜誌二三卷二一號）由此可知孟獲實為釋人也。雍孟二氏三國時在益州已成為大姓。此益州乃漢武帝所置益州郡，非爭帝時所名蜀為益州也。今雲南西南邊地之擺夷實即漢時釋國民族之後。

雲南省位於中國之西南部，西接緬甸，南鄰暹羅與越南。自古以來，中華民族向西南拓殖，藏緬族向東南移殖，而泰族則由西南移入。各民族在雲南相遇，遂發生紛爭與衝突，優秀者得佔居高爽之平原，勢力較弱者乃退居邊境山谷或高原一帶地方。故雲南境內之民族異常復雜，其互相影響同化而混合者亦多。

據地理及民族之分佈觀之，與泰語之民族大抵分佈於緬甸伊洛瓦底河之東，薩爾溫江流域，雲南之西南邊地，越南之北部及暹羅境內。凡泰族所居之地，多以「孟」「猛」「芒」「蒙」等字命名，卽泰語 Moung 之音譯，其義爲「城」，爲泰族行政區域治所之稱。

卷緬甸伊洛瓦底江上游有孟養，孟拱，卽泰族發源之地。由此向東南而下，在伊洛瓦底江之東，薩爾溫江流域一帶之地名，幾全以「孟」音「芒」音命名，如孟昔，孟馬，孟艮等地，及與孟音相近之芒西，芒陽，芒容，芒波克，芒瑙特，芒農，芒宮、芒岩、芒郎、芒旁、芒乃，芒希特、芒拜、芒梭、芒招、芒卯、芒畔等地，皆在撣部（Sham Slates）境內。據馬司帛洛（Georges Maspero）宋初越南半島諸族考稱：宋初在蒲甘國北麗江（卽伊洛瓦底江）怒江流域一帶，分爲無數歹夷小部落其名曰孟 Muon，或名曰賤 Xien，惟考其紀年，似在歷史中分爲四種多少一致之團體。每團體以其最重要之孟爲名，曰 Muon Sen Se，曰 Muon Sen Vi，曰 Muon Mao，曰 Muon Sinou，其統治之土酋，相傳皆出於一祖名 Lu 者。四大團體亦常聯合，奉其中一王爲共主，聯合之國則名憍賞彌國（Koc,ombi）。

由此向東，在雲南境內，北自騰衝保山，南至瀾滄、車里、元江，蒙自一帶地名，亦多用「猛」字者，如猛卯（今瑞麗）猛戛（潞西），猛董（滄源），猛拉（寧江），猛丁，猛遮（南嶠），猛海（佛海），猛烈（江城），今皆縣治也。其他寨名，則有猛捧、猛朗、猛勇、猛郎、猛臘、猛統、猛定、猛宋、猛庫、猛猛、猛允、猛梭、猛連、猛馬、猛龍、猛哈、猛賽、猛膩、猛喇、猛硐、猛角等，據陶雲逵擺夷族現代之分佈圖所示（中央研究院歷史語言研究所集刊第七本第四分）此等地方皆爲擺夷所居之地。四夷館考他下云：

百夷在雲南之西南，自古不通中國。元世祖時，命將伐交趾，經其所部悉降之。舊名孟都，又名孟邦。元至元二十六年立木邦路軍，名總管府，領三甸。洪武十五年改木邦府，後改木邦軍民宣慰使司。諸部落有木邦，南甸，干崖，隴川，孟養，孟密，孟璉，孟艮，孟楞，孟定，定邊，芒市，景東，……其民多百夷，不通漢字，俱屬本館番譯。

此所謂百夷即擺夷，是在元明時，其地亦爲擺夷所居。又蒙自岸化，亦當爲泰語之音譯。

其在暹羅北部亦幾皆以「猛」爲名，例如孟偶，孟景堪，孟皓，孟老，孟愛，孟溫巴包，孟南等，此皆較大城邑也。尚有孟派，孟班，孟本，孟沙，孟崴，孟里，孟宋，孟敖，孟龍，孟公，孟邏，孟擺等，則爲較小之地名。此蓋泰人最先移殖之地，及最初創立暹國之區。其南方本羅斛地，又早受印度化，故其地名不以「猛」名，而多用梵名。

又在暹羅東北，越南之老撾及東京境內，亦多此等地名。如孟信，孟納，孟得，孟海萊，孟龍南他，孟洪，孟巴兵等，亦有對音之芒勇，芒弄，芒木尼等地名，蓋此區域爲佬人（寮 Lao）所居。佬人之語言文字又什九同於泰語也。

（關於地名譯音，參考丁文江等中國分省新圖及民國三十年，軍委會軍令部陸地測量局所繪緬甸全圖）

在雲南「孟」「芒」等字音又有用爲姓氏者，滇中著姓曰孟，曰雍，曰范，曰崇，曰猛，曰莽，曰瓔，其音皆相近。蓋蠻夷本無姓氏，及受漢化，乃效漢人，即以其所居之地爲其氏族之姓也。

故依據泰語族之地域分佈而言，泰族（或譯）實由緬甸之伊洛瓦底江上游逐漸向東南移殖；一部越隣南灘仔倫慈江）而入雲南，再由雲南南下至暹羅；一部則沿瀾滄江南下，散居此河東西一帶區域，更向東南移殖於暹羅及越南之老撾東京境內，再由越北上而入廣西貴州。

凌純聲謂藏緬人為耕牧民族，自西北入滇。擺人為南來之農業民族，不畏濕熱，在雲南之南部與西南部，低窪平原與河流深谷之區，氣候惡劣而有瘴癘，為漢人與藏緬人不敢居留之地，適宜於擺人繁殖。（雲南民族的地理分佈觀地理學報三卷三期）但據陶雲逵調查，擺夷原居較高平原如蒙化，保山，景東，雲州，石屏，建水，蒙江，普洱等處，因元征大理及明清二代作大規模之移民及漢化政策，始由北而南遷。在建水石屏之北區，至今尚有擺夷村落。（幾個雲南土族的現代地理分佈及其人口之估計）又據雲南通志記載，在北部高平原北緯二十六度至二十七度之間，清初尚有擺夷居住。英人戴維斯在普渡河流域亦曾偶見少數擺夷，自謂係由緬甸遷來。是證擺夷是由西域向東南遷移者也。

現在雲南諸土族中，以擺夷之社會組織及文化制度為各族之冠。有文字之擺夷分佈於東經一〇二度以西，北緯二十三度以南之瀾滄江東區，及北緯二十五度以南之瀾滄江西區，人口估計約有五十萬。其地與緬甸越南為鄰，自車里至暹境亦僅隔五日程。擺夷與緬甸之撣族，越南之佬（牢）族，及暹羅之泰族，不但語言相通，且其婚嫁往還，年節報聘，相交甚密。（陶雲逵雲南土著民族研究之回顧與前瞻）其宗教則信奉小乘佛教。暹羅泰族原亦信奉小乘佛教，及受吉蔑人統治後，受其影響，乃改信大乘教。（謝猶榮暹羅泰國歷代之佛教藝術）是可見擺夷與暹羅之泰族當係同出一源也。以其分佈之區域毗連，亦可證其為由緬甸東遷至雲南西南邊地，並有一部由雲南移殖暹越，其祖宗當非來自長江以南各省也。

惟漢族自戰國時莊蹻王滇池，漢武帝開益州，治滇池，及諸葛亮定南中以後，遂漸移居滇境，雲南諸夷遂得薰沐中原之文化。至明朝以雲南爲行省之一，政教制度一視同仁。清代更積極實施改土歸流之政策，於是諸土著民族漢化益深。故漢族經營雲南垂二千餘年，自明代建省迄今亦有五百餘年。歷史久遠，各土著民族今皆已歸化，而爲中華民族矣。

擺夷因僻處西南邊鄙，漢化稍遲。明嚴從簡殊域周咨錄不載他夷族，而獨載百夷（擺夷），

蓋謂當地土官與中國錯居，而此則在邊徼自爲一天者。況是錄本爲皇華徵跡之考，而百夷乃詔使常涖其域者，故附著焉。要之，雲南昔皆裴麗異境，故不沾文教，而百夷又在省外，則其狙獷之性，險僻之習，要非可以尋常戎狄視也。（卷九）

是在明時猶視擺夷爲域外之民也。殊域周咨錄又曰：

至於我朝（明朝）經略之後，省內郡縣，阜厚殷富，並爲樂土，且文物炳蔚，與中州侔。而外之百夷亦帖然聽命，各守藩度。此我祖宗天威神略，丕顯無極，而沐黔寧（沐英）綏輯勞來，恩威並施，教化大行，其功亦不可誣也。

故自明朝經略雲南之後，擺夷已日漸歸化於我族，今日亦已成爲中華民族之一支。雖其說泰語及自稱爲「泰」，然因其漢化已深，當不能與國境外之泰族（或暹羅）相提並論也。

第二節　泰族與南詔國

惟今吾所欲論者，即暹羅之泰族與中華民族究有何關係也。暹羅泰人自認其故國即唐代之南詔，南詔爲泰人所建立，自唐至宋尙能維持其獨立，直至元世祖忽必烈於佛曆一七九七年（公元一二五四年）征大理，泰人原有之土地乃盡淪落而變成中國領土。此種論調屢見於近代暹人著述中。然乎否乎？是誠值得吾人研考者也。

最近國人李長傅編著南洋史綱要，謂歹族（泰族）初建設之國家在中國南部，名曰南詔。（見該書上編第五章）又與其昌發表國史上安南暹羅緬甸之地位一文，亦承認南詔爲歹族所建立，且謂歹族實即中國古代爨族之同語異譯。（思想與時代一卷九期）此種根據語音學上之見解，實易生牽強附會之說，如馬長壽藉音體稱巴氏爲濮，爲卜，爲僰，又以氐爲台，或泰，或歹。而朱希祖更謂獠爲羌爲僰，獠氏，以是獠羌氏皆與泰族發生關係矣。爨在漢末時，已爲益州大姓之一，而歹族則爲元時之譯音，似不可混爲一談。且爨有黑白之分。白爨與黑爨不論在種族言語與文化上皆大有分別。南詔爲烏蠻（即黑爨）所建之國。烏蠻至今尙嚴禁與異族通婚，且不許與白蠻通婚。故即使認泰族與白爨爲同種，亦不能謂南詔爲泰族所建之國也。今特評論之如下。

關於南詔之歷史，新唐書卷二二二下，南蠻傳云：

南詔或曰鶴柘，曰龍尾，曰苴咩，曰陽劍，本哀牢夷後，烏蠻別種也。夷語以王爲詔，其先渠帥有六詔

「號六詔：曰蒙嶲詔，越析詔，浪穹詔，邆賧詔，施浪詔，蒙舍詔，勢均不能相統。蜀諸葛亮討定之。蒙舍詔在諸部南，故稱南詔。居永昌姚州間，鐵橋之南。東距爨，東南屬交趾，西摩伽陀，西北與吐蕃接。南女王，西南驃，北抵益州，東北際巫黔。王都苴咩城，別都曰善闡府（即今昆明）。有清平官決國事，猶宰相。外有酋望等名。有六節度使，……有二都府，……有十瞼……夷語瞼如州。王姓蒙氏，父子以名相屬，自舍龍以來有譜次可考。五傳至皮羅閣，開元末，逐河蠻，取太和城，又襲大釐城守之，因城龍口。夷語「山陂陀」爲和，故曰太和，以處弟閤羅鳳。詔賜皮羅閣名歸義。當是時，五詔微，歸義獨強。乃以厚利啖劍南節度王昱，求合六詔爲一。制曰可。歸義已併羣蠻，遂破吐蕃，寖驕大，入朝，以破洱蠻功，册封雲南王。因徙治大和城。天寶，七載歸義死，閤羅鳳襲王。

此南詔稱王之始末也。天寶九年因劍南節度鮮于仲通征之，大敗引還。閤羅鳳遂陷雲南，僭號大蒙國。北臣吐蕃，吐蕃稱之爲弟，給金印，號東帝。然其心猶思大唐，揭碑國門，明不得已叛曰：「我上世世奉中國累封賞，後嗣容歸之。若唐使至，可指碑澡祓吾罪也」。時楊國忠當國，調兵十萬討之，又敗。因此，南詔與唐之裂痕愈深。襲安祿山亂，掠取嶲州等地，且降尋傳蠻及驃國。大曆十四年，（公元七七九年）閤羅鳳死，其孫異牟尋嗣位，率衆二十萬入寇，與吐蕃并力。旋因吐蕃責賦重數，悉擇其險，南詔苦之，納鄭回之勸說，乃棄吐蕃，復歸唐。德宗嘉之，册異牟尋爲南詔王。大和三年（公元八二九年），南詔率衆陷邛，戎，嶲三州，入成都城。將還，掠子女工技數萬引而南。南詔自是工文織，與中國埒。明年上表謝罪，以後歷有蠢動。及坦綽酋龍立，僭稱皇帝，總晃東楓，自號大禮國。酋龍年少嗜殺，於乾符元年（公元八七四年）刼掠嶲雅間，陷黎州，圍成都，會救兵至，始解圍。西川節度使高駢以其俗尚浮圖，乃遣浮圖景仙往，由是而還。酋龍死，子法嗣位，乾符四年，遣使請修好。未幾入寇西川。西川節度使高駢竟推和親之策。問於此事旋議旋罷，黃巢時大臣中多非之。右諫議大夫柳韜，吏部侍郎崔澹，共醜其事，謂將貽笑後世，深相御敗。盧攜，因此事爭論不決，皆罷職。帝手詔問崔安潛，亦答以「天宗近屬不可以下小蠻夷。」後南詔寇安南，都府合寇各鎮府，戍兵潰潰。會西川節度陳敬瑄申和親議。時盧攜復輔政，與豆盧瑑俱厚駢，入請許帝。帝然之。中和三年乃以宗室女爲安化長公主，遣使許婚。南詔遣其宰相趙隆眉，楊奇混，段義宗等迎公主。（文獻通考卷三二九，四裔考）此即唐朝公主下嫁南詔之經過也。暹羅史襲之，引以爲榮。且謂自此以後，其王族中遂雜有漢族血統。泰人亦漸染其風俗習慣，而同化於中國。（暹羅古代史二章一節，南詔自法死後，亦漸衰，昭宗時（公元八八八至九〇四年）遣使修好，不答。後中國亂，遂不復通。唐末五代朝廷之亂亦同時見於南詔。昭宗天復二年，南詔清平官鄭買嗣篡蒙氏而滅之，號大長和國。後唐明宗天成二年東川節度使楊干貞殺南詔鄭隆亶，立侍中趙善政，號大天興國。干貞尋廢之，自立，號大義寧國。後晉高祖天福二年，段思平擊敗干貞而自立，號大理國。此南詔亡後之情形也。

南詔建國之歷史大略如上所述，今仍繼考查南詔是否爲泰族所建立，即可辨其與泰族有無關係。新唐書謂「南詔本哀牢夷後，烏蠻別種。」而舊唐書則謂南詔自晉哀牢之後，烏蠻別種。與樊綽蠻書所紀略同。是南詔與哀牢有親系血統之關係，與烏蠻亦爲同出一源也。前人多謂哀牢爲泰族之一支，與越南之佬族爲同種。然據近來國有學者考證，始明其實非。

范曄後漢書卷一一六南蠻西南夷傳云：

哀牢夷者，其先有婦人名沙壹，居於牢山，嘗捕魚水中，觸沉木，若有感，因懷妊。十月產子男十人，後沉木化爲龍，出水上。沙壹忽聞龍語曰：「若爲我生子，今悉何在？」九子見龍驚走。獨小子不能去。背龍而坐。龍因舐之。其母鳥語，謂背爲九，謂坐爲隆，因名子曰九隆。及後長大，諸兄以九隆能，爲父所舐而黠，遂共推以爲王。後牢山下有一夫一婦，復生十女子，九隆兄弟皆娶以爲妻，後漸相滋長。種人皆刻畫其身，象龍文，衣皆著尾。九隆死，世世相繼，乃分置小王，往往邑居，散在谿谷，絕域荒外，山川阻深。生人以來，未嘗交通中國。

此故事亦見於華陽國志，南中志及水經注淹水下。蠻書卷三紀南詔云：「貞元中，獻書於韋臯，自言本永昌沙壺（壹之譌）之源。」惟新唐書紀南詔，但言其爲哀牢後及蒙氏父子世次，而無沙氏夫婦之說。文果洱海叢談謂：沙壹爲哀牢蒙伽獨之妻，「遺腹生子，龍舐其背。蠻語背爲九，坐爲隆，名九隆，於哀牢山下自立爲王，世世相繼。唐貞觀間，九隆之後細農邏耕於蒙化之巍寶山下，數有神奇。白國主張樂進求以位讓之，遂稱奇王。此蒙氏之始也。」（小方壺齋輿地叢鈔第七帙）亦即南詔之祖也。

哀牢語謂背爲「九」，謂坐爲「隆」，仍有留存於現代口語中者。閩南讀第一字「九」古讀爲 Kieu，正與緬語稱背爲 rgyab 相近似。他若暹羅 ku，謂鳥（Na-w）kau 亦相類。謂第二字「隆」，今稱子（A-Nung）

貌者，雕塑匠若此。以今日所印，暹緬族中誠少文身之習，而怒子山子多文身，具見於中外遊歷家紀行之作。舊麗江府志言：怒人男女十歲後皆面刺龍鳳花紋。與范書所紀符合。說文解字尾字下言：「古人或飾系尾，西南夷亦然。」民國十九年中山大學地理系師生旅行滇西時，仍見有飾系尾者，亦與范書所紀一致。范書後半又言，哀牢夷「知染采文繡，罽毲帛疊，蘭干細布，織成文章，如綾錦。有梧桐木華，績以爲布，幅廣五尺，潔白不受垢汚，以覆亡人，然後服之。」今滇西諸土族中，惟怒子長於編織。余慶遠維西聞見記云：「人精爲竹器，織紅文麻布，麼些不遠千里往購之。」合上述而觀之，足以明哀牢卽怒子之祖先，怒子卽哀牢之後裔。（聞宥哀牢與南詔，邊疆政治論一卷二期）

聞氏以爲暹緬諸族少文身之習，惟怒子多文身，卽以怒子爲哀牢之後裔。其實緬甸人皆有文身之習。王芝海客日譚卷二云：

緬人狀類中華而色黑，男子刺身股，作山川宮室蟲魚花草之文。……緬人文身，塗色有貴賤，賤者文塗黑與靛，貴者塗朱，塗金者貴之至也。有不文身者，父母國人皆賤之，謂之「阿彪美馬」（緬語女也）。緬婦女不文身。男子文身之年在初壯，刺以長鐵鍼，旋刺旋塗色，甚痛苦。刺工且不廉。

又黃懋材西輶日記亦載：

緬俗男子文身，至十歲以外，腰股之間，編刺花草鳥獸之形，染以藍靛，或用紅色。（光緒五年三月初五日）

中暹關係史　三一

是緬人文身之習正與哀牢相同，不限於怒子也。丁驌西南民族考釋亦言，緬甸之瓦剌，野人及 Chin 人皆有此俗。

哀牢夷以桐華布覆亡人之習俗，亦見於常璩華陽國志及太平御覽卷七八六所引樂資九州記中。「帛疊」在晉時又稱爲白疊布或白緤布，後漢末之洛陽市民頗多服用。唐代若那跋陀羅所譯之大般涅槃經後分卷下敍佛般涅槃時，「即持無數妙兜羅綿，從頭至足，纏裹如來金剛色身，既纏身已，復以上妙無價白疊千張，於兜羅綿上，次第相重，纏如來身。」是以新綿布裹屍，更以綿布纏其上，乃佛在世時之印度風俗，佛涅槃後，其俗仍傳。故哀牢先以桐華布覆亡人，然後服之，乃受印度及佛教之影響。後漢時永昌一帶已有印度人居住，華陽國志卷四云：「明帝乃置郡，以蜀郡鄭純爲太守。……有閩濮，鳩獠，僄越，裸濮，身毒之民。」所謂身毒之民，殆爲傳佈佛法之印度僧人。

哀牢族其先原亦不隸中國。後漢書明帝紀：

永平十二年（公元六九年）春正月，益州徼外夷哀牢王相率內屬，於是置永昌郡，罷益州西部都尉。

班固東都賦有曰：

自孝武之所不征，孝宣之所不臣，莫不陸讋水慄，奔走而來賓，遂綏哀牢，開永昌。

文選卷一注引東觀漢記曰：

以益州徼外哀牢王率衆慕化，地曠遠，置永昌郡。

據此，可知哀牢夷在後漢時始歸化於中國也。

至南詔與烏蠻之關係，兩唐書既明言其爲烏蠻之別種，而樊綽蠻書且謂六詔並烏蠻。南詔之先，王於滇中者爲爨氏。三國時，爨習爲滇中大姓。諸葛亮平南中，收其俊傑，建寧爨習，朱提孟琰，及獲爲官屬，習官至領軍。自晉以後，世爲南甯晉甯太守。明一統志云：梁時有爨瓚者，據雲南，後分東西二爨，居廣西者曰東爨烏蠻，居曲靖者曰西爨白蠻。隋書梁睿傳云：梁南甯州刺史徐文盛被湘東王徵赴荊州，爨瓚遂竊據一方，爨之稱王自此始。而唐書南詔傳云：自曲州靖州西南，昆川，曲軛，晉寧，喻獻，安寧，距龍和城，謂之西爨白蠻。自彌鹿升麻二川，南至步頭，謂之東爨烏蠻。是時洱水之西，蒙氏漸興，而爨據域西至龍和而止。較諸顛剩一州，瓚乃據一方時，俟其西鄙，盡爲蒙氏所佔也。自梁陳之世，爨不知有中朝，及於隋唐，雖稍稍兵威，羈縻如故。六詔爲一，唐命南詔討爨，爨非寇敵，且中唐計。德化碑云：

天恩降中使孫希，御史韓洽，都督李宓等，委先詔（指皮羅閣）討諸蠻，再置安甯。李宓忘國家大計，躡章仇翻蹤，務求遭賞，阻扇東爨，遂激叛逆，令殺歸王。歸者紛紜，人各異志。王（指閣羅鳳）務遏亂萌，思紹先績，乃命大將軍段忠國等，與中使黎敬義，都督李宓，又赴安寧，再和諸爨。而李宓矯偽居心，尚行反間，更令爨崇道謀殺日進。東爨諸酋並皆驚懼曰：歸王，崇道叔也，日進弟也，信彼讒構，殺戮至親，骨肉既自相屠，天地之所不祐。乃各興師，崇道因而滅亡。

觀此知南詔原欲和諸爨，以其爲唐使所離間，骨肉相殘，故發動兵滅之。是南詔於爨尚有情誼也。新唐書南蠻傳云：崇道殺日進及歸王，歸王妻阿姹，烏蠻女也。走父部，乞兵相仇。於是諸爨亂。歸義以聞。詔以其子守隅為南寧州都督。歸義以女妻之，又以一女妻崇道子輔朝。然崇道守隅相攻不置，阿姹訴歸義為興師，營昆川。崇道走黎州。遂虜其族，殺輔朝，收其女。崇道俄亦被殺。當歸義時代之時，其子閣羅鳳為大將，遣昆川城使楊牟利以兵脅西爨，徙二十餘萬戶於永昌，東爨徙西爨故地。自是兩爨之地悉入南詔版圖。袁嘉穀滇繹卷二云：東西兩爨，一為烏蠻，一為白蠻，人種既異，言語亦殊。以言文化，白蠻漸摩中州，同化於漢族；烏蠻則除郡治之外，成崇鄰僰，同化者強而難治，鄰僰者弱而易安。觀崇氏徙白蠻於遠，而徙烏蠻於近可見矣。然由此亦可窺南詔以同種，故親於烏蠻，與不同種故疏於白蠻也。

南詔與烏蠻不特同種，且世通婚姻。元史卷六十一，地理志云：東爨世與南詔為婚，居故曲靖州。天寶末征南詔，進次曲靖州，大敗，其地遂沒于蠻。

嗟乎，爨氏不亡於中朝之大兵，而亡於同種之婣婭。歸義曾以二女分妻崇道子與守隅，雖已書之。樊綽蠻書名類第四云：

異牟尋母，獨錦蠻之女也。牟尋之姑亦嫁獨錦蠻。獨錦蠻之女為牟尋妻。

獨錦蠻為烏蠻之後裔。可見南詔與烏蠻互通婚姻，血統混合，實不易辨也。烏蠻亦曰黑羅羅，俗尚鬼，又曰羅鬼。其人深目長身，黑面白齒，悍而善鬭。（清一統志）近世人類學家及民族學家皆以之歸入藏緬族類。蠻書又言：「磨些蠻與南詔為婚家。」按磨些屬藏緬族之西番系，亦屬烏蠻系。曹樹翹滇南雜志卷二十三云：「磨些蠻普稱磨些蠻，與羅羅二蠻，皆烏蠻種。」

蠻書卷八風俗第八又云：

西爨及白蠻死後，三日內埋殯，依漢法為墓，……蒙舍及諸烏蠻不墓葬，凡死後三日焚屍。其餘灰燼掩以土壤，惟收兩耳，南詔家則貯以金瓶。

是南詔之習俗與白蠻異，而同於烏蠻也。今猓玀些尚存焚屍之俗。

又南詔父子連名，如皮羅閣，閣羅鳳，鳳伽異，異牟尋，尋閣勸，勸[illegible]，烏白蠻皆有，而擺夷則未聞。據伯希和考證，此乃藏緬人之習尚。由是言之，南詔乃藏緬族所建之國，歷來視南詔為泰人國者實誤也。

然則南詔與泰族毫無關係乎？是又不然也。南詔盛時，其勢力遠及今滇、黔，及四川之南部，緬甸之東部及暹羅越南之北部，是不特滇中諸夷皆受其統治，徼外諸夷亦必受其控制也。蒙氏為便於統治及分散諸蠻勢力計，大徙滇中居民。受其統治之民族，除白蠻及烏蠻外，尚有其他民族如望人，和蠻，濮些蠻，樸子蠻，尋傳蠻，裸形蠻，茫子蠻，而在永昌南之黑齒，金齒，銀齒，繡腳諸蠻，及在拓東南之穿鼻，長鬃，棟蜂諸蠻，亦受南詔統治。其民有刺面文身之俗，殆皆爲泰語族擺夷之一種。南詔追諸蠻徙居雲南，諸夷雜處，必有漸被同化亦必有互通婚姻者。南詔之文物爲全滇之冠，尤能影響諸族。其政治制度多仿中原，亦必影響諸蠻[illegible]織，而復能綏和各族，及使政令施行。擺夷有特殊之語言文字，亦有風俗，社會組織，爲其他諸蠻夷所不及，[illegible]詔政制所實取於擺夷者必不少。例如稱王曰詔，州曰睒，治民之官[illegible]。擺夷之行政區域曰睒，今擺夷語稱Chao，Xieng，其意義亦相同。故在文化上，南詔與泰族當互有影響。然在種族上，則未見其有何關係也。

第三節　泰族與大理國

惟南詔以後之大理國或與泰族之關係較深。大理國之創立者爲段思平。段氏之先爲白人，即所謂白蠻也。白蠻即古白子國。其王仁果爲白飯王之後，治白崖，時在漢武帝元狩元年（公元前一二二年）。白人又稱僰。文果洱海叢談云：

僰音白，釋迦父曰淨飯王，叔曰白飯王，此僰人之始祖也。俗多蔬食，少見血，故稱白飯。植棘爲藩以自衛，故從棘人，爲阿育王第三子。……武侯破孟獲、雍闓、延攬豪傑，乃封白子仁果之孫龍佑那王於大理，賜姓張氏，傳十七代，遜國於南詔，而絕。後段氏復興，亦白王後也。（小方壺齋輿地叢鈔第七帙）

前面已述及雍闓殆即漢和帝時撣國王雍由調之後，孟氏亦爲撣民族，即今之擺夷（諸葛亮南征白崖，是在蜀後主建興二年（公元後二二四年），殺其酋長，而立白子王仁果十五世孫治之。一部白蠻稱爲西爨，閤羅鳳時，以兵脅西爨，徙戶二十餘萬至永昌，故今在永昌之南有白子也。

皇清職貢圖稱：

白人其先居大理白崖山，即金齒白蠻部，皆僰種。後居景東府境。……又稱民家子。

維西見聞記曰：

那馬本民家，即僰人也。

王崧存光緒十七年趙州刪輯稱：

僰人即所謂民家，多僰國後，張樂進之裔，及趙氏段氏楊氏後。

洱海叢談亦謂：

（僰人）至明初始內附，其人亦姓李，姓楊，謂之民家。流寓者謂之軍家，其語音同中土。民家皆操僰語。成都：…楊用修往來大理永昌之間，近四十年，訪於舊家，得白古通元峯選誌，其書用僰文，用修熟譜其語，譯爲滇載記，南詔始末，方得詳備。

據上引諸文可知白人即僰，又謂民家也。操僰語，其文字爲僰文。丁驌西南民族考釋謂：僰人與民家關係甚爲密切，僰與民家語言相同，習俗與宗教相同，名稱相同，僰人與民家同稱爲白子，居地亦相同（邊政公論一卷七，八合期）益可證明僰卽民家也。

然歷來多以僰爲擺夷，如皇清職貢圖卷七稱：

僰夷一名擺夷，漢爲百濮甸，唐爲步雄嶍峨二部。

又滇南雜志卷二十三云：

僰夷種出黑水之外，一名擺夷，又稱百夷，蓋聲相近而譌也。性耐暑熱，居多卑濕棘下，故從棘從人。

滇南雜志且謂白人爲民家子，非僰夷。據丁驌西南民族考釋，所言正相反，彼以爲「僰夷絕不是擺夷，第一，因僰人是民家，而民家語言不同擺夷。第二，民家語與古白蠻語相同，白蠻語不同擺夷語，故知僰人不是擺夷。」但被混爲擺夷至今尚不能清楚分辨出來者，大抵因僰與擺夷雜處，且僰自稱爲泰，效法泰語民族「夜郎自大」之漢夷雜處既久，文化程度又相接近，習俗衣飾遂亦互相傳播，所以從外表上無大區別。故近來研究邊疆問題者，亦難能分辨出來。如董作賓之爨夷麼法考源及江應樑雲南西部之擺夷族之經濟社會皆以擺夷爲羅夷。陶雲逵關於麼些之名稱分佈與遷移亦云：「在今滇西一帶散居之擺夷（即丁文江氏之撣人類）之一部分，漢人名之爲擺夷，而彼自稱則爲「歹」（Tai），緬人呼之爲「山」（Sham），越人稱之爲宗（Lao）。」（中央研究院歷史語言研究所集刊第七本第一分）

明史雲南土司傳稱擺夷爲百夷，與爨有別。如曰：

……大侯發名孟祐，百夷所居。

洪武間克平雲南，惟百夷部長思倫發未服。

洪武二十八年，緬國王使來言，百夷屢以兵侵奪其境。明年緬使復來訴。帝遣行人李思聰等使緬國及百夷，思聰還，述其山川人物風俗道路之詳，爲百夷傳紀以進，帝嘉之。（卷三一四）

別有一處：

永樂元年，鶴慶府言，所屬編氓不知禮義，惟僰種稟性溫良，有讀書識字者，宜如州縣設學教誨。其縣學尚未設，縣所轄六里，僰人識字，請立儒學設官訓誨，從之。

景東部皆僰種，性淳樸，習弩射，以象戰。（明史卷三一三）

據明史所言，僰種頗識禮，性溫良，淳厚樸實，與擺夷之驕詐尚殊，性情淳敬，固大有區別也。僰純係僰正戴維斯劃於雲南民族之分類，以僰夷與民家屬蒲人類，以擺夷屬撣人類，是其亦以僰與擺夷有顯著之區分也。今日僰夷主要分佈區域爲大理中甸及其附近，漢人稱之爲民家，其自稱爲白子。自大理至昆明，沿途各縣均有僰子。（雲南民族的地理分佈載地理學報三卷一期）

蒙自縣志載：

僰子、滇夷以之爲首，蓋爲時土著，大半皆此類。其語言有二：與人語非漢，與同類語則夷。婚喪伏臘，祀祭成名，均與漢同。家先庇苑畢，設歸其居。後以流寓入籍者日繁，婚姻遂無所區別。

南詔野史亦謂：

白民有阿白，白兒子，民家子等名，白國之後，即滇中之土著。

是僰子本爲土著，而深受漢化者也。據戴維斯研究民家之言語，謂其中百分之四十三爲漢語，百分之三十三爲藏緬語，百分之二十三爲猛吉蔑語，僅有百分之一爲擺語，是亦可用以說明其同化之程度與層次矣。換言之，僰人本屬雲南之土著，爲猛吉蔑種，後與擺夷同處，而習其風俗衣飾，故外表多相同，繼受藏緬（爨及南詔）之同化，再加上漢族文化之薰陶，遂成爲今日之民家。僰與擺夷雖語言不同，種族有別，然其外表既混而難分，甚至僰人亦自稱爲「泰人」，致歷來記述西南民種者，多誤認僰夷爲擺夷，是亦可見其同化之深也。僰與擺夷不特在文化上同化，其在血統上或亦因雜居通婚而相混矣。

僰子與民家子皆稱爲白子，南詔以白人文化程度較高，多用白人爲官吏，卒至其國亡於白人之手。按南詔爲王者，有趙氏大天興國，楊氏大義寧國，高氏大中國，段氏大理國，皆爲白人。趙氏楊氏高氏皆享國不長，惟段氏自思平建國後，直至元憲宗三年始失國（公元九三七年至一二五三年），其國祚幾與趙宋同其長久。

惟大理國宋朝無南詔與唐朝關係之深。蓋宋太祖鑒唐之禍基於南詔，乃棄越嶲諸郡，以大渡河爲界，使欲爲寇則不能，爲臣則不得，所在把握，峒丁納采，道路蓁僻，大理蓋不通於中國。（文獻通考卷三二九，四裔考）故唐書於南詔敍述甚詳，宋史於大理則記敍甚略。明柯維騏宋史新編卷一九九外國傳大理條云：

熙寧九年遣使來貢，自後不常來。政和五年廣州觀察使黃璘奏：南詔大理國慕義懷徠，願爲臣妾，欲聽其入貢。詔璘置局於賓州，凡有奏牘，皆俟進止。六年遣使來，詔璘等偕詣闕。七年十二月至京師，貢馬三百八十匹，及麝香、牛黃、細氈、碧玕山諸物。制以其王段和譽爲金紫光祿大夫檢校司空，雲南節度使，上柱國，大理國王。朝廷以爲璘功，并其子皆遷官。已而，知桂州周穜劾璘詐冒，得罪，自是大理復不通於中國。間一至黎州互市。紹興三年十月，廣西奏大理國求入貢，及售馬。詔却之。

大理國與宋朝之關係不過如此而已。大理雖承南詔之緒，然二國之差異甚大。蒙段二氏並稱，蒙尚武，段尚文，蒙尚儒，段尚釋，蒙仿中國，段隔中國，因此南詔之漢化較深，而大理則與泰族近，並接受印度之文化。當元初征大理，大理國人之不願臣服者及擺夷之反抗者，率多南徙，與暹羅北之部泰族聯合，而建立暹國，當有可能，故大理國與暹羅泰族之關係可得而言也。洱海叢談記思平死後，「三傳至嘉隆，避位爲僧，而立其子。自後段氏嗣立，數十年或數年，即出家立子爲故事。故其發政以慈善爲主，不妄誅戮。」國王出家爲僧之事，暹羅亦有此俗多加至波羅摩普洛納(Somdhej Phra Borom Trai Loknat 1418--1488）、至摩哈遮迦羅婆諦（Phra Maha Cakkraphadi，1548—1568） 及後來復興暹羅之鄭昭，皆曾出家爲僧。是大理國之文化制度與暹羅頗相近，蓋皆受印度之影響，而信奉佛教之結果。由此雖可證泰族與大理國之關係較深於南詔，然尚不能斷其爲同種，蓋白夷原爲滇中之土著也。

第四節　泰族與蒲人

今暹羅民族中又有蒲泰（Pu-Tai）一種，先其族多居湄公河左岸一帶地方。後因其總發生仇隙，蒲泰酋長道加（Dau-Ka）乃率族人奔南掌國，擇居孟旺（Maung Wang），遂漸取得半民之統治地位，而受隸於南掌，蒲泰之體貌與泰人相同，說泰語，惟其語音稍近緬語。（陳棠花暹國之蒲人）此蒲泰當與雲南之蒲爲同種。

滇南雜志卷二十三云：

蒲人即古百濮。周書與微盧彭俱稱西人。春秋傳與巴濮、鄧並爲南土。本在永昌西南徼外。蹤族爲蒲，有因以名其地者，若蒲縹蒲甘之類是也。男子裹青紅布于頭，繫青綠小條繩，衣盆黄。腰背無衣花，並長衣膝下繫黑藤，婦人挽髻腦後，頭戴青綠珠，以花布圍腰爲裙，上繫海貝十數，臂帶紗羅帶於肩上。永昌、鳳溪、順甯，及十五喧二十八寨，皆其種。

皇清職貢圖卷七載：

蒲人即蒲蠻，相傳百濮苗裔，宋以前不通中國，元泰定間始內附，以土酋為孟定府[illegible]，明因之，至清中改土歸流。今順寧、徵江、鎮沅、普洱、楚雄、永昌、景東等七府，有此種。據戴維斯報告，及凌純聲氏稱，在雲南猛允所見之蒲蠻，其語言體質文化與卡瓦相近，其居住地域，在瀾滄江與怒江之間，北緯二十七度以南，後越瀾滄江向東及東南移殖。（雲南民族的地理分佈）因蒲人與泰族相處，故戴維斯將其列於猛吉蔑語系中。然卡氏中之卡拉已吸收擺夷之文化，而改奉佛教。蒲人亦即雖受泰化，且受擺夷之同化，所以人多誤認蒲人即擺夷之一種。暹羅[illegible]蒲人[illegible]朝，可謂其受泰化之結果。至其後來崇奉佛教，則可謂受泰族之影響。約在[illegible]暹羅[illegible]師攻南掌時，孟肚之蒲人全被擄至暹羅，居於東北部各府縣，是為蒲人遷居暹羅之始。（陳棠花泰國之蒲人）故蒲人遷移之程序，大概先由雲南遷入老撾而至南掌，然後遷入暹羅。蒲人原為雲南最初之土著，與擺子擺夷皆同為中華民族之一支，於今皆已泰化。然以我國西南民族向南遷移之結果，於暹羅民族中混有一部分中國民族實無可疑也，

今暹羅之民族非僅泰族而已，尚有猛吉蔑語系之苗猺與羅斛族，及藏緬語系之傑仁人（Karens），以及馬來半島之小黑人（Negroids）。且暹羅國乃係合併北部之暹與南部之羅斛二國而成。暹國為泰族所創建而羅斛則屬於吉蔑族。暹羅之名乃表示泰族與猛吉蔑族混合創立之國家，可謂名實相符。今暹羅更名泰國，純以泰族代表其國家，是何異擯棄其他民族於國外乎？暹羅之泰族固為其國內最優秀之民族，然其所以成為優秀者，實以其民族含有華人之混血，且吸收印度文化之結果也。中國人與暹羅人結婚者甚多，該國泰族人物之優秀分子，十之八

尤皆為混血。故論者曰：「凡曾觀察暹羅之生活者，皆知暹羅今日國勢之强盛，皆由華人之功，蓋華人以其智慧與血統，注入於暹羅民族，而後暹羅人民精神煥發，此乃公認之事實也。」暹羅人與中國人發生血統之關係，當在華僑移殖暹羅以後。在泰族未移居暹羅之前，其地之吉蔑族早已吸收印度之文化，厥後泰族受其影響，亦被印度化。今暹羅語中多含有梵語，其文字乃模仿印度南方之柯蔑文。故今日暹羅之泰族，實非原始純粹之泰族，且其血統與語言，殆較雲南之擺夷為尤雜也。

至此吾人可作一結束：

（一）泰族自古不在中國，原居緬甸之伊洛瓦底江上游，其祖宗並非來自長江以南各省。

（二）雲南之擺夷是由緬甸遷來，與暹羅之泰族當係同出一源。惟其既受漢化，成為中華民族之一支，不能與國外之泰族相提並論。

（三）古之南詔為哀牢夷後，屬烏蠻別種，非泰族所建之國。惟泰族曾受南詔之統治，當互有影響與同化。

（四）與其謂泰族與南詔有關係，不如謂其與大理國段氏之關係較深。然大理亦非擺夷所建國，蓋段氏為白子之後，即僰夷。僰乃滇中之土著。惟僰與擺夷現因雜居，無大區別，而其受漢化亦特深。

（五）蒲人屬緬語族，既受漢化，亦受泰化。

（六）今暹羅泰族非純粹之民族，多含有華人之混血，並吸收印度之文化。其與中國之關係，即在其與中國人有血統之關係，及其與居雲南邊省之中華民族有一部分（擺夷）相關也。

中暹關係史　　[illegible]

第三章　暹羅統一後臣服中國之情形

第一節　元初泰族建國　王三次入朝

（據暹史載，佛曆一七九七年，元世祖忽必烈征大理，泰人因此被迫離棄雲南，遷徙而南者日衆，遂與邏那（Ta-與國恩少之泰族勢力亦增，思脫離吉蔑人之統治。時有泰族首長坤邦克朗（Kun Bang Klang），領導泰族進與蘇庫泰城，擊敗吉蔑人，遂於佛曆一千八百年（公元一二五七年）即王位，以蘇庫泰（或譯速古台 Sukhodaya）爲京都，稱號室利因他拉蒂王（Sri Intaratitya），此乃暹羅國內泰族第一位君主也。吉蔑人退守洛帕布里（Lob-puri），仍保存有一部分勢力。洛帕布里又稱羅斛城（Luang Lowoh）。暹羅從此遂分爲二：中國方面記載，其在南方尚屬於吉蔑族者稱爲羅斛國，其在北部屬於泰族者稱爲暹國。暹（Siam）爲外國人對於暹人之稱呼，其自稱曰泰（Tai），或稱爲泰王國。Siam之一字，原屬梵文，大抵先由印度人名之，中國及西洋人不過譯音而已。暹字之意義，在梵文有二種解釋：曰棕色，曰黃金。用之於人種，意即其人爲棕色；用之於國家，意即其國多產金。其時暹國境界狹小，留至第三世暹王坤蘭坎亨（Khun Ram Kham heng）始擴展領土云。（參考王又申譯暹羅古代史第一章）

案羅斛國之名不始於元初泰人在暹建國之時。曇隆親王所著泰國歷代之佛教藝術一文中，謂羅斛時代約當佛曆一四〇〇年（公元八五七年，當我國唐朝末葉），羅斛時代所造佛像實較諸其他各時代爲盛，蓋當時之暹羅乃吉蔑民族統治於斯土，勢力稱盛之時代也。其散布最廣，東部及於安南，北部及於嫈良城、所遺佛像皆爲跌坐式。間訶利朋闍耶（Haripunjaya） 亦有羅斛時代之造像。西部則及於碧差武里（今稱佛丕府）。宗教之傳播往往隨政治勢力而發展，是羅斛國興時，其勢力曾達於暹羅北部也。

在中國載籍上，其名最早見於宋史卷四八九丹眉流傳，丹眉流於眞宗咸平三年（公元一〇〇一年）入貢，其國東北至羅斛二十五程。又羅斛於宋政和間曾遣使朝貢，宋會要占城條載：

政和五年八月八日，禮部言：福建路提舉市舶司狀，本路昨自興復市舶，已於泉州置來遠驛，及已差人前去羅斛占城國，說諭招納，許令將寶貨前來投進外，今相度欲乞諸蕃國貢奉使副判官首領，所至州軍，並用妓樂迎送，許乘轎或馬，……其餘應干約束事件，並乞依蕃蠻入貢條例施行。本部尋下鴻臚寺勘會，據本寺契勘，福建路市舶司依崇寧二年八月六日朝旨，納到占城羅斛二國，前來進奉，內占城先累赴闕進奉，係是廣州解發，福建路市舶司申到，外有羅斛國，自來不曾入貢，市舶司自合依政和令詢問其國遠近、大小、強弱、與已入貢何國爲比奏。

是羅斛之入貢，早在泰族尚未建立暹國之前也。伯希和謂羅斛即今 Lophuri（即洛帕布里），在湄南河上，其土地較暹國爲佳。

汪大淵島夷志略羅斛條云：

山形如城郭，白石峭厲。其田平衍而多稼，暹人仰之。

又暹國條云：

自新門台入港，外山崎嶇，內嶺深邃，土瘠不宜耕種，穀米歲仰羅斛。氣候不正，尚侵掠，每他國亂，輒駕百十艘，以沙糊（原作沙湖，即 Sago，可製粉，以作飲食）滿載，舍生而往，務在必取。

兩國同在湄南河流域，而其土地氣候，竟如此懸殊！暹國地瘠民貧，故其國人以劫掠爲生。島夷志略續云：

近年以七十餘艘來侵單馬錫，攻打城池，一月不下。本處閉關而守，不敢與爭。遇爪哇使臣經過，暹人聞之，乃遁，遂掠昔里而歸。

溫士德（R.U.Winstedt）所著馬來亞史（History of Malaya）第二章敍述單馬錫一節曾引錄此段文字，惟於「遇爪哇使臣經過」一句改作中國艦隊，殆指元征爪哇之軍隊，或亦可能。蓋七十餘艘之海盜，一使臣經過，不足以懾之，惟大隊之兵艦經過，方能使其遠遁。元之兵威早已遠揚，而暹人對於中國懷德畏威，亦所宜也。

元征爪哇在至元二十九年（公元一二九二年）。其先十九年六月己亥命何子志爲管軍萬戶使暹國。（見元史卷十二，新元史卷十一，世祖本紀）是暹國早已知元之聲威矣。三十年四月甲寅詔遣使招諭暹國。（元史卷十七，世祖本紀）次年七月甲戌詔諭暹國王敢木丁來朝，或有故則令其子弟及陪臣入質。（元史卷十八，新元史卷十三，成宗本紀）當成宗元貞元年（公元一二九五年）暹國乃遣使來朝，進金字表。

役朝廷遣使至其國，比其表至，已先遣使。蓋彼未之知也。賜來使衣金符佩之，使急追詔使同往。以暹人與麻里予兒舊相仇殺，至是皆歸順。有旨諭暹人勿傷麻里予兒，以踐爾言。（元史卷二百十，暹國傳）

藤田豐八謂暹人與麻里予兒相讐殺，即島夷志略暹國條，暹人以七十艘侵單馬錫，掠昔里之事。其言曰：

所謂麻里予兒，殆是佛羅之 Malaiur，唐時末羅瑜 Malayu之訛，今馬來人乃其後也。唐宋之際，此族在巴淋邦及古卑，至元似已蔓延於馬來半島南端。此許（島夷志略），暹羅人侵單馬錫，掠昔里者，即史所謂與麻里予兒相讐殺是也。單馬錫「Tamasik（Tamasik）乃新嘉坡之舊名，昔里（Selat）殆指今 Gohore 也。（島夷志略校注）

據暹史稱：當蘇庫泰王 朝三世君長坤蘭坎亨時（公元一二七七至一三一七年），銳意經營，擴張領土，南方諸小國直至馬來半島皆被其平滅，西方盡呑孟人之地，東北際鑾帕邦（Luang Phra Bang），榮古（Vieng Chant）等城併於暹羅版圖。其時元朝勢力已伸展至於緬甸境中。於佛曆一千八百二十六年（至元十九年）遣使至蘇庫泰京。坤蘭坎亨（即元史敢木丁）隨即與中國盟好，且曾二次親來中國朝貢，一次在佛曆一千八百三十七年（即成宗初年），後一次是在佛曆一千八百四十三年，即元大德三年。

暹國主上言，其父在位時，朝廷嘗賜鞍轡白馬及金縷衣，乞循舊例以賜。帝以丞相完澤答剌罕言，彼小國而賜以馬，恐其鄰忻都輩譏笑。朝廷仍賜金縷衣，不賜以馬。（元史卷二百十，暹國傳）

又簡三年（大德元年）四月暹與羅斛兩國使同來進貢，賜來朝者衣幣有差。（元史卷十九，新元史卷十三，成宗

本紀）

關於暹王入貢事，暹史加以讚揚，謂足以表示坤崙坎亨之英明。蓋當時暹國南有羅斛國，北有蘭那國（或稱青邁稍川國）皆爲暹之勁敵。坤崙坎亨恐中國方面援助其敵人，故親與中國修好。又名所謂不隆王（Phra R）者，據暹羅北方史載，不隆亦曾到中國朝貢。但據共丕耶達瑪薩拉克奴帕（曇隆親王）考證，謂此不隆卽坤崙坎亨王，蓋其時代與事蹟皆相合也。坤崙坎亨由中國南返時，曾招致中國瓷匠至暹國，設瓷窰於蘇庫泰京畔地，日燒製杯碗出售。中國人於此時移殖暹羅者頗多，中國文化亦隨之而輸入暹國。（參考暹羅古代史第二卷第三第四節）

第二節　明史所載暹王名與暹史對勘

暹羅南部各城多近海口，常有海舶往來，早與外國通商，尤以中國人爲多。而其饒盛，土地又肥沃，爲出產魚米之鄉，因此較北方泰人爲富庶。及蘇庫泰王朝勢力漸衰，南方各城遂共推烏當王（Phra Chao Utong）爲首領，於佛曆一八九三年（公元一三五〇年）五月宣佈獨立，稱拉瑪提布地王（Somdet Phra Rama Thibodi）是爲阿瑜陀耶王國之始祖。其進行獨立之步驟，卽一方面先建立室利阿瑜陀耶城（Cri Ayudhaya），一方面與中國及吉蔑修好，以絕後顧之憂，並壯其聲威。但獨立之後，不久卽鑑於東埔寨之吉蔑人對其態度已變，乃發兵攻之，而侵佔其領土，復經略四方，開拓疆域。北部蘇庫泰王朝則國勢日衰，至亦投降於阿瑜陀耶，而爲實附庸之一。此即島夷志略所載：暹國於至正己丑（公元一三四九年）五月降於羅斛之事也。惟暹史所載蘇庫泰完全降服於阿瑜陀耶，乃在佛曆一九二一年，當明洪武十一年之時，至正間，不過南部被侵，而遣使修好而已。

明史亦載：元時，暹常入貢，其後羅斛強，併有暹地，遂稱暹羅斛國。洪武三年命使臣呂宗俊等齎詔諭其國。四年其王參烈昭毗牙遣使奉表，與宗俊等偕來，貢馴象六足龜及方物。詔賜其王錦綺及使者幣帛有差。五年貢黑熊白猿及方物 明年復來貢。其王之姊參烈思寧別遣使進金葉表貢方物於中宮，卻之。已而，其姊復遣使來貢，帝仍却之，而宴賚其使。時其王懦而不武，國人推其伯父參烈寶毗邪思哩哆囉祿主國事，遣使來貢方物，宴賚如制。已而，新王遣使來貢謝恩，其使者亦有獻，帝不納。（明史卷三二四，外國傳暹羅條）

按參烈昭毗牙始即暹史所稱塢堂王之子丕臘梅遜（Phra Ramesuen）。洪武四年約當暹佛曆一九一四年。據暹史載，塢堂王實死於佛曆一九一二年（洪武二年），由其長子丕臘梅遜繼位，一年後，即讓位于丕波隆拉查帝耨第一世（Somdhet Phra Borom Raja Thiraj）。大抵丕臘梅遜於佛曆一九一三年初所派遣之使，須一年後方能到達中國京城，故明史洪武四年實據其使者于中國時而言也。丕波隆拉查帝耨即明史之參烈寶毗邪思哩哆囉祿，實爲丕臘梅遜之舅父，非伯父也。即位於佛曆一九一三年，爲暹羅統一南北之大君，在位十九年，至佛曆一九三一年逝世，（公元一三七〇年至一三八八年）傳位於其子唐悃，在位僅七天。丕臘梅遜自洛軸布里赶返誅之，復即王位，享國七載。傳位於其子丕拉瑪拉查，在位十五年，爲軍務大臣所廢，於佛曆一九五二年（公元一四〇九年）迎立前王丕波隆拉查帝耨一世之侄那坤因王。即位後，稱號丕那空林他拉帝辣王（Somdhet Phra Nakom

Rintrattirai）。

暹史云：據中國方面記載，那坤因王於未登室利阿瑜陀耶京即王位之前，曾於佛曆一千九百二十年（公元一三七七年）往明都南京，入宮朝見中國皇帝。以後終其朝代皆與中國修好。中國人之與室利阿瑜陀耶城貿易通商者，想亦必自那坤因王時代開始。在關有里小河沿岸之古窰地方（彼時屬那坤因轄內），今日尚有古窰痕跡，其為中國式瓷窰，與蘇晚期及蘇庚泰時期之瓷紋毫無差異。大抵那坤因王亦必曾步坤蘭甘亨王之後塵，率領中國匠人來暹燒瓷，此亦推理之一道。與歷史上之記載，謂那坤因王竭力整頓內政，從大肆四出征討，以擴張國土之事發生，若合符節。（王又申譯暹羅古代史第七章第三節）

按那坤因王即明史所稱世子蘇門邦王昭祿羣膺也，曾於洪武七年及八年兩次遣使上箋於皇太子貢方物。十年（公元一三七七年）昭祿羣膺承其父命來朝，帝喜，命禮部員外郎王恒等齎詔及印賜之。文曰：「暹羅國王之印」，并賜世子衣幣及道里費。自是其國遵朝命，始稱暹羅。（明史卷三二四外國傳暹羅條）是暹羅之名乃明朝所錫賜也。四夷館考卷下云：「永樂元年遣使入貢，始稱暹羅。」計其奉詔命來貢時始稱暹羅國，非永樂元年始賜名暹羅也。所謂蘇門邦者殆即暹史所稱之素攀布里（Suphanburi）。汪大淵島夷誌略載有蘇門傍國，其國地瘠田少，藉他番以足其食，類商賈以資其國，煮海為鹽，有酋長，與暹國條所記情形多相同。蘇門傍八注云：

【案】沈氏廣證云：明史暹羅傳，洪武中屢入貢，其王之姑參烈思寧別遣使奉金葉表，貢獻中宮。其世子蘇門阜王昭祿羣膺亦上表於皇太子，貢方物。然則蘇門傍亦暹地矣。但不言其為暹羅之何地。蘇門阜明史稿作蘇門邦，殆 Suvarna Puri 之對音，今稱 Suphan Sufan 者是也。

據暹史，那坤因王於未入繼阿瑜陀耶京即位之前，曾往素攀武里代理其父行使職權。（按其父為素攀武里之太守，實即為明史志略所記蘇門傍之酋長也。）其治國天才已於此時顯著。洪武二十八年，昭祿羣膺遣使來朝，且告父喪。明廷命中官趙達等往祭，敕世子嗣王位，賜賚有加，諭曰：

朕自即位以來，命使出疆，周於四維。足履其境者三十六，聲聞於耳者三十一。風殊俗異，大國十有八，小國百四十九，較之於今，暹羅最近。邇者使至，知爾先王已逝，王紹先王之緒，有道於邦家，臣民懽懌。茲特遣人賜命，王其罔失法度，罔淫於樂，以光前烈，欽哉。

是昭祿羣膺承嗣父王位，而受明廷冊封，明載於明史。然與暹史所載不相符合，蓋暹史謂其受禪於丕拉馬拉登也，未嘗殺戮。又其即位之年，暹史所載亦不相合。明史稱於洪武二十八年（公元一三九五年）遣使齎詔敕世子嗣王位。而暹史則謂那坤因王（昭祿羣膺）於佛曆一九五二年（公元一四〇九年即永樂六年），時其年已五十歲，始即王位。是兩史所記，相差十四年。皇明四夷考卷上暹羅條云：

永樂十五年，瑣里人昭祿羣膺哆囉諦剌為王，遣使奈必上表貢方物。

此謂其為瑣里人，不知何所根據，然由此可知其與前王非同一系也。若謂永樂十五年始即位，則又遲延九年。觀此文意，當謂昭祿羣膺即位後，於永樂十五年遣使朝貢，則近是矣。

余疑昭祿羣膺於洪武十年于南京朝貢時，嘗以蘇門邦酋長世子之名義入貢。洪武二十八年遣使告父喪，明廷遣使敕世子嗣王位，亦係承嗣蘇門邦酋長之職位，非阿瑜陀耶京之王位也。至永樂六年時，始由蘇門邦入阿瑜陀耶即暹羅王位，乃繼其姑母之孫之位也。其姑母殆即洪武六年曾二次遣使入貢之參烈思寧，實爲塢棠王之后，明廷不辨，而卻其貢。昭祿羣膺父子或早已存有覬覦王位之野心，故先入貢，冒稱暹王及暹王世子，俾得中國之敕封，及使其國人心皆歸向之，於佛曆一千九百五十一年，泰不拉馬拉查遂不得不讓位於彼。其兄既有其伯父不波龍拉查蒂賴奪其外甥丕騰梅瀾之位，抑丕騰梅瀾以武力奪回王位，至那坤因王（昭祿羣膺）乃行第二次之篡奪。由二王族互相爭奪王位事觀之，可知昭祿羣膺於洪武十年至中國朝貢，嘗有冒稱暹羅王世子之可疑。惟其事將人不敢必，蓋暹羅自佛曆二三一〇年（公元一七六七年）亡於緬甸後，以前一切紀事記載皆遭焚掠，無以稽實也。

永樂十四年（公元一四一六年，惟西譯考作永樂十三年）王子三賴波羅摩剌劄的賴遣使告父之喪，命中官郭文往祭，別遣官齎詔封其子爲王。案那坤因王在位十五年，於佛曆一九六七年（一四二四）逝世，其第三子嗣位，稱 Somdhet Phra Borom Raja Tirāj II 與明史所稱名三賴波羅摩剌劄的賴音譯完全相合。惟記其父王逝世，及其本人即位之年代，與暹史所載不相符耳。

宣德八年（公元一四三三年）王悉里麻哈賴遣使朝貢。案此王非阿瑜陀耶王朝之王，蓋其時三賴波羅摩剌劄的賴尚健在，據史載其於佛曆一千九百八十七年（公元一四四四年）尚自統大軍北征景邁，不幸崩於軍中，并非歿於正統九年，非宣德八年也。然明史又稱：景泰四年，命給事中劉洙，行人劉泰，祭其故王波羅摩剌劄的賴，封其嗣子把羅闍米孫爲王。此故王曾與永樂十四年敕封爲王之三賴波羅摩剌箚的賴爲同一人。由此可評定宣德八年入貢之王悉里麻哈賴爲另一國王。考諸暹史，殆即統治暹羅北部彭世洛城（Maüng Phisculoke）之大小王不剌哈塔麻賴第四世（Phra Maha Dhama Raja IV）爲蘇庫泰不隆王朝之後裔。自佛曆一千九百二十年蘇庫泰王國淪爲阿瑜陀耶王國之附庸後，大法王二世即遷都於彭世洛城。佛曆一九六二年（公元一四一九年）大法王三世歿，其二子互爭王位，那坤國王北上爲之調解，封其中一人爲大法王四世，仍駐彭世洛城。另一人則統治舍關城（Maung Kham Pheng Phet）大法王四世歿於佛曆一九八一年，阿瑜陀耶王波羅摩剌箚的賴第二世遂合併北方，命其子把羅闍米孫（Phra Rameh Suan）爲彭世洛城之總督，蘇庫泰之不隆王朝至此告終。

波羅摩剌箚的賴於正統九年逝世，何以遲至景泰四年（公元一四五三年）始遣使告喪乎？此在暹史上實有問題。暹史謂其於佛曆一九八七年第二次進攻景邁時逝世，至佛曆一九九一年（公元一四四八年）其子把羅蘭米孫南下即位，中間世位虛懸四年之久。故謝猶榮譯彭世洛史時其改作佛曆一九九一年崩，並加註云：「若不昆隆羅闍提羅第二（即明史波羅摩剌箚的賴）果係在佛曆一九八七年病逝於軍中，則問題隨之而發生。在此四年之間，誰爲阿瑜陀耶之統治者？據史籍所載，此四年間不剌羅孫（即明史把羅蘭米孫）尚僑住彭世洛城爲總督。由是觀之，可證出不昆隆羅闍提羅第二並非病逝於軍中，而係在行軍期間內忽得病，乃班師南返，並驅趕於歧遊府轉俘虜（不下十萬人），返至阿瑜陀耶都，繼續統治至佛曆一九九一年駕崩。」（南洋學報二卷二輯）余案此非誤也。一般暹史均載波羅摩剌箚的賴卒於佛曆一九八七年，把羅蘭米孫於一九九一年繼位，當有根據。與此四年間，王位何故虛懸？則未說明，蓋暹羅古代史本殘缺不全也。惟余於此已嘗得其解釋，即根據明史所載：

正統十一年（公元一四四六年，佛曆一九八九年）王思利波羅麻那惹智剌遣使入貢。

此王名不見於暹史，殆即與把羅蘭米孫爭王位者。當波羅摩剌甯的賴北征景邁時，阿瑜陀耶京城之政事必須有人代理。疑思利波羅麻那惹智剌實爲其所委託攝政之親王或權臣。及王病逝於軍中，彼即乘機竊登王位，繼於正統十一年遣使至中國朝貢。此數年間，暹羅國內必發生政變之亂事，致彭世洛城總督把羅蘭米孫不克南下至阿瑜陀耶京承嗣王位。關於此點，明史實可補暹史之遺漏也。至佛曆一九九一年把羅蘭米孫得嗣位爲王，忙於戡亂，故遲至景泰初年始遣使來中國朝貢，並告喪，而使臣在途中又須一年或半載，方能抵達北京。明廷乃於景泰四年遣使往祭，並敕封其爲王。實則把羅蘭米孫於九年前（正統十四年）已登位，稱號丕波羅摩賴洛納（Somdet Phra Borom Trai Loknat）。

明史又載：天順六年（公元一四六二年）王孛剌藍羅闍直波智遣使朝貢。考此王乃丕波羅摩賴洛納之長子名Phra Borom Raja，其時尚未登王位，蓋其父王尚健在也。惟於是年鑒於北方多事，乃遷都於彭世洛城，以長子留鎮，命其子孛剌藍羅闍爲阿瑜陀耶之總督。大抵因阿瑜陀耶城近海口，交通便利，故天順六年朝貢中國之使臣由王子孛剌藍羅闍所遣，明史不詳，即認其爲暹羅國王。丕波羅摩賴洛納在位共四十年，計居阿瑜陀耶城十五年，居彭世洛城二十五年，雖其曾一度薙髮，入離城南八公里之朱羅摩尼寺（Wat Chulamani）爲僧，當其出家時，固已早立其子爲嗣君。然其爲僧是在遷都彭世洛城以後，北方安謐之數年中，非天順六年之時。不久還俗，繼銷來佐年佛曆二〇三一年卒。字那隆羅闍至此始正式繼承大統。復以阿瑜陀耶為國都。在位四年逝世。由其弟不乾頓（Phra Chasi）繼位。稱號不羅摩提菩提第二（Somdhet Phra Rama Thibodi II）。時在佛曆二〇三四年（公元一四九一年）當明朝弘治四年之時。明史謂：「成化十八年（公元一四八二年）遣使朝貢，且告父喪，命給事中林霄、行人姚隆，往封其子國隆勃剌略坤息剌尤地為王。」是其年代不符。明史與暹史所記，二者必有一誤。若據暹史，則弘治十年遣使進貢者，當為不羅摩提菩提第二。嘉靖三十二年遣使貢白象及方物者，當係丕摩哈遮迦羅婆提王（Phra Maha Chakraphadi）。其在位時期（1548—1568）曾獲白象七隻。緬甸王強求其分與二隻，彼不惜引起大戰以拒之。（詳後）但願貢獻白象於中國。由此觀之，其愛戴中國之忱如何誠篤也。

明史及東西洋考皆載，隆慶中，其鄰國東蠻牛向暹羅求婚，不允。統師入侵，暹京淪陷。國王自縊。其世子及天朝所賜印皆被擄返國去。次子嗣位，奉表請印曰：「暹羅敝國新經大劫，乞天朝印為本國調兵。」明廷給之。嗣王乃勵精圖強，嗣後亦復仇。萬曆間，卒舉破東蠻牛，盡殲其眾。由是雄視海上，稱雄鄰國。

據此段史實，與暹史所載者亦有出入。所謂東蠻牛王者，即指當時統治緬甸之漢沙瓦底（Hongsawadi）王莽應龍（Bayin Naung）。亦即明史卷三百十五「雲南土司傳」緬甸條所載之莽應龍。蓋係東牛王始祖莽瑞體之部將，瑞體死，應龍嗣位稱王。聞暹羅王獲白象七隻，為暹國之瑞，心嫉之，乃向其要求分與二隻。暹羅王不允，於是下詔出兵侵暹，圍攻阿瑜陀耶城，破之。擄白象四，並俘其長子丕羅摩銷（Phra Ramesuan）及觀納分平入緬作質。時佛曆二千一百零一年也（公元一五九八年）。暹王之婿丕摩哈譚瑪拉查（Phraha Mah

Phra Raja）原受命統治北方，及緬軍侵暹，乃降於緬。復因緬王離間，而與暹王疏離。適有室利沙名那群那曷多國王（Krung Cri Salanaganahata）差齊塔（Phra Chao Chaji Chasta）亦遣緬軍攻陷，擄掠一空，乃求婚於暹羅。暹王即將次女許之，冀與之聯合，共抗鴻掃瓦狄王。乃其事爲丕摩哈潭馬拉查所探悉，密告鴻掃瓦狄王。遂將暹羅公主中途攔劫。丕摩哈遮迦羅婆提王引爲奇恥大辱，莫可忍受，然懾於敵國之威勢，不敢有所表示，乃將政權授與其次子丕摩欣特拉（Phra Mahintrathiraj），已則出家爲僧，諸大臣隨之出家者甚衆。後因其子無法收拾時局，請求父王還俗。於是丕摩哈遮迦羅婆提王復親政。佛曆二千一百十一年（公元一五六八年）十一月緬甸軍五十萬再圍攻阿瑜陀耶城，丕摩哈遮迦羅婆提忽於此時逝世（明史謂其係自經）。其次子丕摩欣特拉繼續抗戰，卒無法挽救，阿瑜陀耶京城被圍九月之後，遂於佛曆二千一百十二年九月淪陷。丕摩欣特拉殂於擄往鴻掃瓦狄途中。於是緬王乃立丕摩哈潭馬拉查爲暹羅統治者，自此暹羅降爲緬甸之屬國，歷十有五年。

丕摩哈潭馬拉查命其子丕納麗孫（Phra Naresuan）治彭世洛城，坐鎮北方，父子協力，整頓國政，勉圖復興。至佛曆二千一百二十九年（公元一五八四年）丕納麗孫審度時機已熟，宣佈獨立，脫離緬甸之桎梏。大年後嗣位爲王，屢敗緬軍，尤以象戰一事著名，聲威遠播印度各國。此即暹史所稱頌之丕納麗孫大王（Somdet Phra Naresuan Maharat, 1590—1605）也。（參考暹羅古代史及彭世洛史）故復興暹羅者，乃前王丕摩哈遮迦羅婆提之外孫，並非其次子也。

丕納麗孫在位時期，與中國之交誼甚篤，屢遣使至中國朝貢。萬曆二十年（一五九二）日本破朝鮮，部議遣材官論諸島國，率兵攻倭。暹羅王不納麗孫請濟師直搗日本，以牽其後，竟不果行。其原因，東西洋考謂：「會倭酋死，滅去，不果行焉。」明史則謂：「中樞石星議從之，兩廣督臣蕭彥持不可，乃已。」大抵二說皆是，有此二因。然使暹羅請纓願與殺倭之事，未能實現。然其効忠上國之熱誠，在屬國中洵不可多得者也。由「非天朝印，不得調兵」一語，亦足以表示暹人內附之誠篤。終明之季，暹羅奉貢不替，崇禎十六年猶進貢。

中國亦屢遣使至其國，除洪武年間，曾遣王恂趙述等外，永樂元年八月有給事王哲，行人成務，九月有中官李興等，六年九月有中官張原，九月有中官鄭和，十年有中官洪保等，十四年有中官郭文，十七年有中官楊敏等，景泰四年有給事中劉洙，行人劉泰，十八年有給事林㦤，行人姚隆等，或往賜賚，或往敕封，或往吊祭。尤以中官鄭和威望為最隆，其國立有三寶廟以祀之。鄭和七次使西洋，曾三次（公元一四〇八年，一四二一年，一四三一年）至暹羅。據曾隨鄭和往西洋諸番國之馬歡所著瀛涯勝覽暹羅條云：

國（阿瑜陀耶都城）之西北，去二百餘里，有一市鎮，名上水，可通雲南後門。此處有番人五六百家，諸色番貨皆有賣者，紅馬廝肯的石，此處多有賣者。此石在紅雅姑肩下，明淨如石榴子一般。中國寶船到暹羅，亦用小船去做買賣。（馮承鈞校注本二一頁）

所謂寶船，乃指鄭和奉使所乘之船。伯希和謂：「觀馬歡之記載，必曾隨寶船之人，改用小船，親赴其地也。」（見馮承鈞譯，伯氏著鄭和下西洋考一〇八頁）

暹人皆髡首，（見海語卷一）惟王以白布纏首，以受天朝封，獨留髮（邵大緯薄海番域錄卷九）。對於明廷諭敕，令能奉命謹遵。四夷館考暹羅條云：「暹羅朝貢賜勅諭勘合，平則用原賜冠服，呼萬歲，行五拜三叩頭禮如中國云。」又東西洋考卷二暹羅條云：

國人尊華人甚摯，倍于他夷，直慕義之國也。

末又論曰：

林邑夙通中華，居然雄國，暹羅自蕞土攀附，亦便有衣被冠裳意，明興內附，洗沐雲油。占城見害交人，則屢詔館其歸，暹羅蹂躪滿剌加，則十行折其銳，蓋莫不義畏而仁懷焉。然占城從征，而有二心於交，暹羅嘗海內濟夷，輒請遣子入學，常屬國寵授，又請助戰擒倭，夫固二國之優劣也。

是暹羅之內附中國，仰慕天朝，較他國尤為誠摯。由此可見明代中暹之關係亦實較他國為密切。故洪武十六年發給勘合號簿，始給暹羅，以後漸及諸國。（廣東通志）三十年，三佛齊紿我使臣，明詔部移檄暹羅國王，令轉諭爪哇，其文有曰：「爾暹羅國王，獨守臣職，我皇上眷愛如此，可轉諭爪哇，俾以大義告三佛齊」云。此亦其證也。

第三節　四夷館增設暹羅館

明代外國貢使至中國，因語言文字各異，頗感不便，故特設四夷館使事傳譯。明成祖英察卓絕，有囊括四海，經略八荒之志。然欲宣威德於異域，必有能通其語言文字者而後可，故在國內培養譯才，實為急務。永樂五年三月因四夷朝貢，言語文字不通，命禮部選國子生蔣禮等三十八人隸翰林院，習譯書。遇開科令就試，仍譯所作文字，合格准出身。置館於東安石門之外。處之以四夷字。[illegible]，令部指揮季賢，[illegible]衛東守門，務會成成業（參見東京帝國大學文學部藏刊四譯館則卷一及梅野南雍志）。惟其時四夷館中祇設韃靼，女直，西番，西天，回回，百夷，高昌，緬甸八館，尚未設暹羅館，故無人通曉暹羅文字。

弘治十年入貢時，四夷館無識暹羅譯字官。閣臣徐溥等請移牒廣東，將取能通彼國言語文字者，赴京備用，從之。……正德十年，進金葉表，朝廷館中無能譯其字者。閣臣梁儲等請選留其使一二人，入館肄習，報可。（明史卷三二四外國傳暹羅條）

以前因無人通曉暹文，故暹羅國進貢表文，皆下回回館譯，甚為不便。故大學士梁[illegible]奏：

據提督少卿沈冬魁呈，准回回館教師馬祥等呈：竊照本館專一譯寫回回字，凡諸番中諸國，如占城暹羅等處進貢來文，亦附本館帶譯。但各國言語文字與回回不同，審譯之際，全憑通事講說。及至降敕回賜等項，俱用回回字，今次有暹羅進貢金葉表文，無人識認，節次審譯不便。乃查得近年八百大甸等處夷字失傳，該內閣具題，暫留差來頭目能者數在館教習，合無比照舊者數事例，於暹羅國來夷人內，選留一二三名在館，并選各館世業子弟數名送館，令其教習。待有成之日，將本夷照例送回彼國，等因。上從之。（據光緒戊申羅振玉校刊四夷館考卷下）

萬曆三年九月，暹羅[illegible]，禮部題稱：

中暹關係史　五九

印文頒賜，年久無選習給，並致字譯謬失傳，[illegible]篆字[illegible]
員，赴京教習。（見同上）
萬曆五年八月暹羅遣差通事握文源，同使臣握闍辣，握文鐵，握文[illegible]，[illegible]
，各賜冠帶衣服有差。此次所進金葉表文仍無從審譯。故萬曆六年，
禮部題奉欽依令該國選送通曉番字人員。[illegible]廣東布政司[illegible]等三員。[illegible]
添設暹羅館一館，收世業子弟教習，仍增筆墨公費。奉欽依，下部遵行。（四譯館則卷一）
於是建立暹羅館，招收成丸畢等二十一人習暹文。永樂初，四夷館立，韃靼、女直、西番、西天、回回、百夷、
高昌、緬甸八館，皆選國子監生習譯。至正德間，增設八百館，萬曆間增設暹羅館，[illegible]
子弟習譯。由語言文字之迫切需要，可見明代中暹交往之頻繁也。
明時外國官生有遣至中國留學者，明廷皆優待之。續文獻通考卷四十七選舉考：
洪武三年，高麗遣其國金濤等四人來學。次年濤成進士歸，[illegible]
讀書。朝廷輒加厚賜，并給其從人。
又蔣燮長安客話曰：
國初高麗金濤等入太學，其後日本國及土官亦皆遣子入監，[illegible]
據此，則不特各國官生留學中國者，[illegible]

，是暹羅王子亦有入太學肄業者矣。

第四章　暹羅之復興及排華政策

第一節　華僑鄭昭與暹羅之復興

自滿清入主中國以後，於順治十年（公元一六五三年），暹羅遣使請貢，并換給印敕勘合，從之。康熙四年、七年、十一年皆入貢。十二年暹羅國王森烈拍臘照古龍拍臘馬嘑陸坤司由提雅菩埃遣使來朝貢，并請封典，清庭賜以誥命及駝紐鍍金銀印，嗣後朝貢不絕。六十一年諭令暹羅國運米三十萬石，於福建等處糶賣，免收其稅。此種優待暹羅商人，乾隆時且定爲常例。雍正七年入貢，御書「天南樂國」扁額賜之。乾隆十四年入貢，御書「炎服匪懈」賜之。自後定例三年一貢。（見嘉慶重修清一統志卷五五二朝貢各國）中暹關係，一如明時。

惟暹羅建國歷史既短，文化低落，國基不固，且政治腐敗，法典失效，軍人放任，缺乏勇武精神，故一遇外敵入侵，即難以抵禦。當乾隆三十一年（公元一七六七年）四月，緬甸侵略暹羅，攻陷阿瑜陀耶京城，暹羅國王被困，餓死於荒野。此時暹人多成爲緬甸之俘虜。其餘未淪陷之部落，仍在自相殘殺，自削實力。幸得土生華僑中有鄭昭者，出而挽救危亡之局。昭（Chao）爲暹語，乃「王」之意，故在暹華僑皆呼之爲鄭王也。鄭王本姓鄭名信，暹文稱丕耶達信，（Phra Chao Tak Sin）「丕耶」即「聖王」之意。

胡叢吉懷根所著暹羅王鄭昭傳（許雲樵譯）謂：鄭王生於佛曆二二七七年，（一七三四年）歲次甲寅，為揭殷定中國海豐人之子。或謂其為惠州人，羅幼山亞洲史卷一暹羅史則謂昭本身之揭陽人，皆誤。四十二梅居士鄭昭傳云：

鄭昭，潮州澄海華富里人（原註今華富里尚有王祖墓及遺蹟），少遊，豪蕩不羈，鄉人號之曰歹子鐵。歹子猶言浪子也。以貧不自聊，且見惡於鄉，乃附舶南渡。時暹都大城（即阿瑜陀耶城），僑民商業甚盛。遂詣大城，藉賭為生，漸致富，更名曰信，為攤主。暹稱政府賭，徵征以為國用，俱華人攬其業，標領者多豪富，出入宮廷，鄭緣是鶻舒伸拍，娶暹婦洛央，生一子，即王也。（南洋年月刊三卷三號）

鄭信仕於暹，受封為金剛城太守，當暹京淪陷，鄭氏於佛曆二三〇九年（公元一七六六年）率衆五百人，退守東部之堅塔布里（Tanthaburi），募集戰士，經備三月餘，復造輕快船百艘，編成水師，於十二月向湄南進攻，敗之，殺暹奸奈東因（Nai Tong in）及緬將蘇墅（Sugyi），光復國土，工業彪炳，於是暹人感之，擁戴為王，稱之為昭德不叻鑾信大王（Somdhet Phra Chao Tak Sin Mahara），於佛曆二三一〇年（一七六七），即位。時見暹京大城滿目荒涼，乃棄之南下，奠都於吞武里，故俗稱吞武里王（Chao Krung Thonburi）。遣使至中國告捷，其使臣於乾隆三十六年（清一統志謂四十六年）抵北京。惟當時暹羅外患雖平，而內爭不息，分割為五部，各自獨立，不相統屬。鄭王皆次第削平之。且東侵越南，擴展疆土，為暹羅現代國家建立統一強固之基礎，其功績誠不可磨滅也。前述暹羅王鄭昭傳之作者謂：其功業之偉大實不稍遜於古代之丕納異寫大王也。

中暹關係史　大陸

鄭王爲謀使中暹之關係更密切起見，特於乾隆四十六年七月，派遣使團隨同滿載暹羅貢物之商船十一艘赴中國朝貢，且有意著使團至中國後採辦建築材料，以資興造新宮。在使團中有一位名丕瑞祿訶奴鈸，乃統布里朝之詩人，曾在其紀行詩中歌詠鄭王擬興建首都之意旨，稱：「聖上開始考慮，將使大興進於前殿，從事興建都宮大府、宮殿，始合於阿瑜陀耶王統。」（見陳毓泰譯鄭王在位之最後一年，南洋學報二卷三輯）

暹羅現代史亦稱：「在統布里京時代，鄭信王始克戰勝緬人，再創暹國。鄭信王在位十五年，在此期間，適值法國西國內革命，又值拿破崙窮兵黷武之時期，因此暹羅與西方各國之往還，遂告中輟四十年之久。泰人與西人中止往來之後，乃又與中國發生關係。暹羅最重要之鄰邦國家爲中國，其次則爲印度云。（曼谷日日郵報編，王又申譯本一〇二頁）故鄭王之遣使至中國，乃爲暹羅之利益，並發展其商業，但亦因宜爲佈儲，歸與湖南之心，較歷代暹王尤爲熱切也。

於遣使赴中國朝貢之同一年，鄭王其部將昭不耶碖克里（Chao Phraya Chakri）爲元帥，及太子昭華宮中因陀羅披猜（Chao Fa Krom Khun Inthra Phithak）統率大軍赴柬埔寨，克定安南。不料碖克里按兵不動，反與越南秘密協定，並派遣心腹將太子及王姪包圍，碖克里自己則率隊急回統布里。時統布里京已發生叛亂，逼鄭王薙髮出家三月，洗滌罪孽。鄭王竟和平接受叛黨之要求。但在其薙髮出家後二十八日，碖克里即宣言鄭王神經錯亂，暴虐無道，弒之於鄭寺佛殿內。同時忠於鄭王之大臣，被殺者多至五十人。

又據本國暹王第六世時，暹政府對外宣傳，曾以英文刊行暹羅之今昔（Siam: From Ancient to the Prescott Times）一書，對於鄭王再加誣衊多端，曰：「昭〔吞〕建之所以見惡於臣民者，厥故有三：一爲華僑之子，非暹人；二以國家爲私產，而皇族之居高官者，又不稱職；三品性不良。」

關於鄭王晚年神經錯亂，暴虐無道，品性不良等之誣妄，最近暹人巴territory元著鄭王史辯，謂全屬於叛黨謗毀之詞，絕非事實：據一世皇時代（即暹羅本朝之始祖）所編纂之紀年史，對於鄭王之誣衊祇有二項：（一）誣鄭王神經錯亂，（二）誣鄭王不恪守十誡。惟至四世皇時代增訂之紀年史又斷乘鄭王不少罪狀，如曰：「鄭王神經錯亂，行動失常，飭令鞭撻和尚，造成重重之苦難」等語。據巴氏稱：

當鄭王死後三年，舉行火葬時，參加之民衆咸放聲痛哭；甚至具有最尊貴地位之婦女，當時完全服務於一世皇及皇弟者，亦相率流涕。在欽定紀年史載：當時宮內衆妃，包括前後宮妃在內，凡曾奉侍鄭王者，咸相率哀泣不已。皇七與皇弟（指本朝一世皇及皇弟）不禁大怒，飭令全體受罰，鞭撻背脊。

由上述觀之，鄭王確係一位賢王，深受民衆愛戴，並顯示鄭王實非暴君也。巴氏又著鄭王在位之最後一年一文，有云：

雖最後一年，然王之洪恩仍然洋溢，最泰人所宜永遠銘感者。蓋王曾賜予泰族在生命上無上榮耀，解脫泰族之淪爲緬何奴隸，且促使國族進於統一而鞏固。故王之厚恩已深銘於泰族之心中，無人可使之消散而湮滅。……誰敢污衊王之榮譽，即等於污衊泰族。具有此行徑者，設爲泰人，則將被目爲忘恩負義者，而爲國族所同唾棄。（南洋學報二卷三輯）

中暹關係史　　　六五

據暹史，因忠義之言也，然若在拉瑪六世時發表，或已興文字之獄矣。

當鄭王被弒之消息傳出後，位於西部之頓遜丹老等城，即於是年脫離暹羅，而歸附於緬甸。由此可見鄭王在暹羅國史上地位之崇高，其功績至現代而愈彰。

第二節　暹羅今王朝與中國之關係

鄭王被弒後，昭丕耶碖克里乃於乾隆四十七年（一七八二年）篡位，是爲現王朝拉瑪第一世（Phra Buddh' Yod Fa Chulok, Rama I.）五十一年冒姓名爲鄭華，遣使至中國告喪，僞稱昭子，並具表請封。蓋以昭爲華人，又曾受中國冊封，若以實告，恐興問罪之師，故僞爲昭後，以惑清也。觀該國紀元始自乾隆四十八年，而不以鄭昭爲其始祖可知也。然碖克里夙有大志，登王位後，發憤有爲。自羅斛併暹至碖克里得國，凡四百三十餘年。

吳其昌謂鄭王「後雖因無子傳其位於女婿鄭華，準以南洋土俗，傳女婿與傳子固無殊也。」（國史上之女南洋縱論何地位，觀思想與時代一卷九期）案其言與事實不符，蓋鄭華之竊位，乃由於弒逆，非鄭王所傳授也。鄭王非無子嗣，乃遭叛臣殺害，然幼弱者仍得保存，故至今尚傳下衆多之後裔。吳福元鄭王史稿嘗據錄其嫡系子孫竟至六人，現已繁衍爲十二支派。其子孫在暹羅本期歷代任重要官職者亦不少，其中有任國防大臣，及財政大臣者。如著名戰將昭通因（Chao Thong In）及現任攝政委員之一陸軍上將昭丕耶碧差仁陀拉瑜珑（Chao ruya Bijayendra Yothin）則皆屬太子嫡系所傳下者。

乾隆五十五年，鄭華以其國舊有之丹著氏，麻叨，塗懷三城被烏肚（即緬甸）佔據，表請諭令烏肚歸回三城。清廷以從前緬甸與暹羅詔氏構兵，係已故緬酋懵駁，現在緬甸已經易世，暹羅亦係異姓繼立，丹著氏三城被緬甸侵佔，本非鄭氏國土，相安已久，自應各守疆域，不當向其爭論，等語。（嘉慶一統志卷五五二）清廷不能秉公處理，有失上國之尊嚴。此後暹羅緬甸內附之心逐漸冷淡者，未始非清政府待藩屬之失策也。嘉慶二年以國君重徵，暹羅倍進方物。奉旨嘉獎，加賜文綺等物。此鄭華之世與中國之交往也。

嘉慶十四年（公元一八〇九年）鄭華死，明年其子鄭佛遣使入貢，懇請襲封爵位，清廷允其所請，是為拉瑪第二世（Phra Buddha Loes Da Nobhalai, Rama II, 1809—1824）。二十四年復遣使賀萬壽，並進方物。

道光五年暹羅國世子鄭福遣使入貢，並懇請敕封，稱拉瑪第三世（Phra Nang Klao, Rama III, 1824—1851）。七年恭進謝封謝恩禮物，十一年遣使載內地遭風官民回廣東，溫諭褒賚之。二十三年諭，因越南，琉球，暹羅，均著改爲四年遣使朝貢一次，以示體恤。但自暹羅與英國締約後，各國繼之，暹認主權旁落，雖欲亦思自振勵，遂不常入貢。（清朝續文獻通考卷三百三，四裔考）

當道光二十年（一八四〇年）中英鴉片之戰起，中國戰敗，訂立屈辱之江寧條約，總國外宣傳，仍多方掩飾。其時暹國上下皆惑於中國方面之宣傳，謂中國政府與英人訂約，將不利於英國。祇有三人知中國實係戰敗，外人將在東方厚植其勢力。此三人中之一，爲帕菲肯撒田火王，即後來之拉瑪第四世。（暹羅現代史一〇八頁）大抵中國戀於藩邦之傳聞，爲免使暹人對中朝失望，故諱言戰敗耳。終暹羅諸臣覺悟，告暹人相[illegible]之史事錄出中國之右者，至此乃了然於西方各國之威力矣。

以前暹羅與中國往來通商，皆用中國式之舢板船，及見西洋商人皆用甲板船，較中國舢板船爲堅固，於是暹羅決定捨舢板而採用甲板。在占布里府設船塢督造，聘英荷造船專家教授。於佛曆二三七八年（一八三五年）第一艘甲板船落成，暹王拉瑪第三世深爲嘉許，諭令以後，政府凡造船皆須採用此船式樣，並在烏肚廸之岩尼瓦寺中，造一中國舊式舢板船，以代寶塔，而留紀念。（暹羅現代史一〇七頁）此實可視爲中西文化在暹羅之消長情形也。

及拉瑪四世（Phra Chom Klao Maha MongKut,Rama IV,1851—1868）即位，乃開始改革昔日由中國傳來之禮俗，加冕之日，彼親出接見來朝外賓，取消由中國傳來之，凡君主出巡，市民須一律閉門，及强迫市民低頭，禁止仰視等制度。然其於咸豐三年，猶遣使入貢，請封，表稱鄭明。（清朝續文獻通考卷三三三）

時當太平軍興起，東南騷擾，風聲播及南洋，暹羅朝貢使於途中被殺，西人又加以煽惑，謂中國不足畏。暹人信之，欲脫離屬國之名義。咸豐四年（一八五五年）香港總督約翰保寧被英后維多利亞派至暹羅爲特使，又援宗其廢止對於中國之含有臣屬及代稅性之貢物。暹羅遂於同治八年（一八六九年）遣使至北京，表請廢止朝貢禮，從前使臣皆由廣東轉齎貢品入京，以後贈獻方物當由汽船直達天津，不由廣東轉進，其彼此授受儀式當與西洋各國同。清廷拒其所請。光緒四年（一八七八年），曾紀澤使英，道經暹羅，諷令照舊入貢。暹羅不允，旋倡立商約，又拒之。自此以後，中暹之宗藩關係遂絕，然商務交通則如故。

清朝續文獻通考卷三三三，引紀事本末云：

光緒五年三月，暹廷忽接駐暹英領使轉遞中國催貢札文。蓋英官以戰船假中國旗號，僞云賫貢之節，以脅暹人，使之求助於己也。暹王知之，向臣下具道歷年欠貢之故，因貢表內用跪具字樣，近改從西禮，不無窒礙，卒莫能代達中國，故不能不與英加親云。

據此，則暹羅之停止朝貢中國，殆亦因新舊思想及禮制衝突之結果歟。

暹羅自元初泰族建國以來，歷元明清三代垂五百餘年，素爲中國之藩屬，此爲外國歷史家所公認，即暹史亦不諱之。蓋暹羅常受緬甸侵犯，欲倚中國以自固也。自十九世紀末葉，暹政府雖欲脫離屬國之名義，然備受外力之壓迫，其對中國仍存倚恃之心。故當孫中山先生在南洋奔走革命時，暹國外交次長某曾秘密向孫先生表示，甚盼中國革命成功，臻於富強，將來暹羅願內附爲一省云。（三民主義民族主義第四講）惜中國自鴉片之戰失敗，繼之以英法聯軍，中法、中日之戰，軍事外交皆告失敗，辱國喪權，所有弱點完全暴露，更無以維繫藩邦之心耳。

第三節　暹羅維新後轉採排華政策

暹羅自拉瑪五世（Phra Chula Chom Klao Chulongkorn, Rama V, 1868—1910）後，變法維新，曾兩次視察

外[illegible]。[illegible]門闕後，[illegible]國[illegible]。繼拉瑪五世而爲一暹國有數之君主，惜中興事業尚未完成，遽於公元一九一〇年逝世。其子拉瑪六世（Phra Mongkut Klao Maha Vajiravudh, Rama VI, 1910–1925）嗣位，於次年十二月二號行加冕禮，正當滿清末帝遜位，中華民國產生之時。

拉瑪六世因幼留學英國，崇尚歐風，鄙夷華夏，曾以英文著書，題曰：東方猶太人，肆意詆妄，詆詈華人。（見[illegible]充虎筒暹廻憶錄六六頁）影響其國民之心理甚大。自此以後，暹人對中國之感情遂一落千丈，日趨涼薄矣。甚至有輕侮華人，謂華人爲奴者。今暹羅各地均稱華人爲 Chin，殆「秦」之對音，梵文 Cina 也。然暹人呼之，有不敬意。倘有 CeK 一語，亦泛指華人，其源蓋出於潮州語之「叔」字，所謂「唐山阿叔」也，含輕蔑之意。吾儕僑旅暹者，聞其 CeK，CeK 之聲，莫不怫然。（許雲樵譯太平餘衆投暹始末亦有）

拉瑪六世雖鼓吹排華，然其國內政治不修，國勢復衰，在位十五年，於公元一九二五年逝世。無子嗣，由其弟繼位，是爲拉瑪第七世（Phra Paramindra Maha Prajadhipok, Rama VII, 1925–1931）。適逢第一次歐洲大戰之後，世界經濟恐慌之時，暹羅雖僻處遠國，至此亦受影響，暹人生活轉趨艱苦。民黨乃乘機活動，極力攻擊貴族政治之腐敗，而以改革政治經濟環境及保障人民生活爲號召，陰謀革命，於一九三二年六月二十四日發動政變。當時操政治實權之貴族親王多被扣押，或聞風出走，貴族政治遂被推翻。第七世王在迫於民黨所擬臨時憲法上簽署。暹羅自此改爲君主立憲政體。一九三四年因與國會意見[illegible]

宣佈退位。一九三五年王姪阿納達（Ananda）嗣位，年僅十一歲。由內閣組織之攝政團掌理政事。於是政治實權完全落於軍人及急進派之手。彼輩受近世法西斯黨之影響，採取極端之國家民族主義，舉凡一切措施，咸具有積極排外之性質，且以排華爲國策，致使素來敦睦相處之中暹人民頓生畛域之念。對華僑所經營之商業，則加重稅率，迫其自動收束。在教育上則根據其所謂泰族主義，施行泰化華僑之政策，嚴厲取締華語學校，迫令華僑子弟學習暹文，入暹政府所辦之學校。在外交上，則利用近年國際間紛亂之局勢，多所活動，並採親日政策。英，法對於暹羅則取妥協態度，竟不顧其完全陷入日本之懷抱也。一九三六年之末，歐陸多事，英、法無暇東顧之際，毅然宣佈廢止舊約，自擬新約與各國談判，於是暹羅乃成一完全獨立自主之國家，此固暹國之幸也。

惟自現任國務總理鑾披汶氏掌政後，集內政外交國防重任於一身。其爲法西斯派少壯軍人之領袖，內閣完全以軍人組成，故民族氣燄高張，漠視外僑之利益。（參考劉繼良中暹關係之檢討，載時事月報二十九年四月號）據一九三七年五月十二日西貢日報稱：鑾披汶上校曾於中日戰爭將發生時，受日本之影響，向政府提出一政綱，規定：（一）擴大暹羅領土，（二）侵入暹羅鄰近區域，如馬來半島，柬埔寨，老撾及安南全部，（三）組織大暹運動，（四）合併一切泰族，（五）武裝並加強其軍隊，使暹羅成爲一強國，如德意焉。在軍隊中更使用一種廣泛地圖，名「新暹羅帝國圖」，舉凡有泰族居住之區域，如緬甸之南部，安南東京之西北部，老撾柬埔寨之全部，皆劃入其版圖。（參考太平洋風雲中的泰國，時事類編特刊五九期）因其提倡泛泰族主義，故於一九三九年向全世界宣佈，暹羅改名爲泰國，是亦可見其已具帝國主義侵略之野心矣。

中暹關係史

自中日戰事爆發後，受日人之唆使，暹政府之排華愈演愈烈，華僑學校多被封閉，不許中國移民入境，禁止僑胞爲祖國募捐款項。民國二十七年九月二十一日，因細微事故，而拘捕華僑達五千餘人。二十八年春，頒佈苛待華僑之條例，竟多至八種。同年七月二十三日，中國國民黨駐暹總支部機關三民社被搜查，負責人員被拘押。既而，華僑創設之華僑銀行，廣東銀行，正副司理及高級職員均被拘留。並嚴厲限制僑胞向本國滙款，迫兩銀行將滙款帳簿繳驗。同時華僑所辦報紙，如曼谷日報、國民報無故被封閉，而新時報，華僑報、華聲報，中國報，中民報等，相繼於一週內被迫停刊。同年十一月二十日，中華總商會主席蟻光炎被刺殞命。蟻氏之死，無疑與暹羅之排華政策有關。故蔣委員長特致唁電云：「忠誠慷慨，實深嘉佩，乃竟罹奸慝，爲國犧牲，懷念老成，憫悼交集。」而國民政府亦頒有明令褒獎之。

中暹二國向來未曾締有條約，因暹羅自古以來，即爲中國之屬國，清末雖停止朝貢，淸廷猶以屬國視之，不屑與之締約。惟日本知聯暹之利，於明治二十四年兩國締約成功，互派公使駐京。自此以後，日暹交際日益親密。我國在暹僑胞數百萬，而無任何條約爲之保護。光緒三十二年（一九〇六年）羅裕常論政府宜與暹羅締約云：

中暹二國之親交，在今日誠亟亟矣。而或者謂暹羅本舊藩，今與立平等約，更如各國例，派駐頭等公使，是西我也。譬之便僕，彼雖脫籍，他人亦從而許之，然此時爲之主者，故若不知，則縱不能阻其所爲，而吾之主格自在。若分庭抗禮，而延爲上賓，不其傎哉？嗚乎，此誠處藩屬之秘訣，抑知有大謬不然者乎？閉塞之世，各國劃疆而治，其中之强大者必爲之長，而羣仰其保護，然所爭祇在名義，並無實益。小國不過歲貢方物數事，大國則所告其鉅，叛則征之，急難則援之，洵屬得不償失，此自古人主所以從事遠功爲戒也。交通之世則不然，其國際交涉純用實利主義，取人之土，而不滅人之祀，竭其國之精神，而不改其國之形式。故雖被其征服之國，訂城下之盟，然其保護條約中，兩國大皇帝，兩國永遠和好，兩國人民幸福等辭，固毫無軒之何輕，誠以所爭，不在此也。今處交通之世，而執閉塞主義，爭已亡之名義，而棄當前之實利，其顛？況我藩屬之中，名義最不可拔者，宜莫如朝鮮，於朝鮮已儼然派公使矣，更何論要荒之服如暹羅者哉？暹羅實我國一絕大殖民地，果處置得宜，不啻伸我版圖入於支那海及孟加拉灣之間。顧即今圖之，猶爲有濟。不然，則數百萬之赤子將沉於異域，而不免流離之悲矣。（關暹羅問題之意見第十三頁）

此羅氏於三十餘年前切中時弊之讜論，欲促使政府改變其對暹羅之外交政策。惜清政府慮不及此，如今羅氏之言皆驗矣。

至民國成立以後，則因國內戰亂迭作，雖有人提議，應與暹羅締約，及交換使節，而政府未暇及此。民國十年我國政府曾令駐日公使胡維德，向暹羅駐日公使不斷接洽商議兩國締約事，且曾擬就中暹條約草案，祇以暹政府認爲時機未到，因而擱淺。民國十六年一月我國外交部派程演生赴暹，調查暹國國情，及旅暹華僑狀況，順帶非正式的向暹國外交當局徵求中暹訂約意見，雖無切實答復，亦無拒絕表示。迨國民政府奠都南京，重視華僑，並念及海外僑胞之利益，特設僑務委員會以處理之。且曾屢次與暹羅交涉，希望互派使領，乃暹羅「夜郎自大」，竟置而不理。其目的即在不使華僑取得合法之保障，蓋憚華僑勢力之膨脹也。朱兆莘言：

中暹訂約，迄無成議，閱彼以我國內戰年多故爲口實，豈知我正與各國爲改訂平等條約之進行，而彼反故作推延也。揣其意，非輕中國，特懼中國耳。由前之說，堂堂大邦，詎能容許？由後之說，殊傷和平，奚用過慮？吾儕訂約以後，中暹親善有加，而華僑在暹之發生糾紛，亦迎刃而解。此正兩國政府所同祈禱者也。（民國十九年暹羅中華總商會籌辦會所落成紀念特刊序）

中暹間訂約既未成，又未派遣使領，以保護僑民，專賴中華總商會爲聯絡機關。故自暹羅政府採取排華態度以來，壓迫僑胞之事件不斷發生。我政府亦以正當途徑可資折衝。嗣以情勢日愈嚴重，蔣委員長乃於民國二十八年十一月二十九日，以中國國防最高委員會委員長名義，直接致電暹羅總理鑾披汶氏，請暹國政府對中國僑民給予充分之保護。其文略云：

中國民性素係愛好和平，其所以僑居貴國者，要不過謀獲其本身之正當生活，並對泰國之福利與繁榮，貢獻其應盡之職分，斷非懷其他目的。彼輩年復一年，代復一代，在泰國和平居住，與泰國人民往還相得。……憑此種理由，余特請泰國政府，對僑居泰國之中國人民給予充分之保護，並仍如昔日之允許其從事合法事業，而不受干擾。……

鑾氏於十二月二日復電，表示其保證泰國政府必恆久注意保護華僑之生命財產，並許其在泰國任何處所從事合法事業。又稱：

國僑民在過去及現在對泰國福利繁榮上，所給予之最高貴的貢獻，自亦深爲感荷。此與中國僑民作和平之貢獻於吾人者，誠如閣下所云：乃愛和平，守法律，憑其良知欣勤勞作，—而此類僑民實佔最大多數。……余在十一月十八日廣播演說中，曾對在泰國之中國僑民詳細說明整個事實，所有一切可能之誤會，當已盡行消釋。……

同時泰國政府暨官吏相繼邀請各處領袖，舉行中暹親善談話，於是在表面上，中暹情形稍見緩和。

惟日本在暹羅之政治活動，幾如水銀瀉地，無孔不入。其南進政策本在田中奏摺內早已擬就。自一九三九年二月十日佔領中國之海南島，又在斯潑拉特萊島（Spratly）登陸以後，雖未敢急進，然步步作南侵之準備。在暹羅之軍事佈置，更為其近數年來活動之中心。一九四〇年八月十二日，上海合衆社電訊：「日海軍已接受陸軍之積極南進計劃，不惜與英美發生利害之衝突，且同意下列各點：（一）接收外國在華之租界，（二）加强香港之封鎖，並作佔領香港之準備，（三）武力佔領越南，（四）侵犯婆羅洲及荷屬東印度。」後果一一見諸實行。日本之南進政策愈積極，在南洋及暹羅之華僑危殆。終於一九四一年十二月八日，日本公然向英美宣戰，同時立刻攜兵泰國，迫令同盟。不幾日，泰國即降服，任日軍自由開入，而為其進攻馬來，新嘉坡，及緬甸之橋樑。既而，南洋各地相繼淪陷，在南洋及暹羅華僑之生命財產，均在敵人鐵蹄下，其必受危害，自不待言。而數百年來中暹之親密關係，遂因受日本之離間與侵略，而完全隔絕。將來戰後之情形如何，中暹關係能否恢復，或更進步，則有賴兩國政府之努力焉。

第五章　中國人移殖暹羅史畧

第一節　在暹華僑人數

中國與暹羅之歷史關係已略如上述，今更就中國人移殖暹羅者言之，最於中暹之關係至爲密切。今華僑之在暹羅者，其人數殊難爲之精計，即暹羅全國人口亦無從知其確數。民國十八年十二月二十八日據暹官透露云：泰族人口共九百五十二萬，內計暹羅及其合種人計百八十萬。老撾人三百六十五萬，純粹中國人五十萬，吉蔑人四十五萬，馬來人四十萬，猛人及傈仁人各六萬，其他山地種族，約六十萬。又據同年暹政府之調査報告稱，全暹人口總數爲一一、五〇六、二〇七人，其中有華僑五五八、三二四人。兩項統計數目相差甚遠，而其所述華僑數目尤難置信。蓋近代暹政府甚懼華僑勢力膨脹，故諱言其確數，有欲將全國人口說大，而將華僑人數說少也。又暹羅政府歷來視土生華僑爲暹人，並未將其列入華僑人數內，且所謂暹羅合種者，殆什九皆爲華僑也。

一八五四年，暹羅宗座代牧巴勒卦克斯主教（Jean Baptiste Pallegoix，1842—62）稱：全暹人口六百萬，其中華僑佔一百五十萬，即佔全暹人口四分之一。巴氏爲研究暹羅之專家，著有暹語辭典，其身份傳教士，與民衆接近，其言當可靠。至一九二九年（民國十八年），其時代已相隔七十五年，在此七十五年中，暹羅人口雖增加一倍，若依此增加率推算，則在暹華人實不下三百萬人。

暹羅華僑人數已若是之衆多，其移殖之時代必久遠，然欲問華僑移殖暹羅，究竟始於何代何年，則鮮人能確實置答。一因華人移居暹羅，多由自動，（其他南洋各地亦然），非如近世東西各國有計劃之殖民。以前中國歷代政府既不注意此問題，故中國官史對之無詳明記載。二因自昔前移居暹羅之華僑多為不識字者，且出洋之目的在謀生，無人注意此而作歷史之記錄。三因華僑移殖暹羅之時代，遠在暹羅今王朝之前，其時暹羅文化既不發達，且多戰亂，縱有記載，不易保存，觀暹羅古代及中代史料長闕略可以知之。有此三種原因，故對於華僑移殖暹羅之歷史年代不易溯考。今所能作者，亦惟根據中國方面之零星紀錄而已。

第一節　中國移民與海上之交通

華僑移居暹羅必在海上交通發達之後，在第一章已述及。當秦漢之際，中暹似已有商業交通矣。時番禺已成為中國與南海諸國貿易之一大都會，漢書卷二八下地理志謂：越地「處近海，多犀象毒冒珠璣銀銅果布之湊，中國往商賈者多取富，番禺其一都會也。」犀象瑇瑁珠之產於暹羅，而犀角且以暹羅（墮和羅）產為最佳，故在當時，中國商人或有自交趾往其地貿易者。此等商人大概攜帶中國特產前去，易彼國土產而歸。漢武帝時有「譯長屬黃門，與應募者俱入海」，此等應募者大概由政府徵募，或入商賈雇用，前往南海行商者，由漢使衆營貿易之事可以知之。彼等「齎黃金雜繒而往」，歸時「市明珠璧流離，奇石，異物」。所謂奇石即寶石，明時有一種

「紅瑪瑙的石」，在暹羅名有曾者。（馬歡瀛涯勝覽暹羅條）漢代寶貝之寶石是否有暹羅產品，則不得而知。但漢使所經之邑盧沒國即新唐書南蠻傳中之拘蔞密，其地似在今暹羅境內。

三國吳孫權嘗遣使至扶南，晉泰始初，及太康中，扶南屢遣使入貢，皆由海道。劉宋末，扶南王僑陳如遣商貨至廣州，齊梁時，扶南僧人來中國，皆附載商舶。故自最以後，中國與南海之航行漸漸發達。

唐代除交廣二州外，尚有泉州揚州爲與外人貿易之地。唐文宗太和八年（八三四年）上諭：「南海蕃舶本以慕化而來，固在綏以仁恩，使其感悅。……其嶺南福建及揚州蕃客，宜委節度觀察使常加存問。除舶腳收市進奉外，任其來往通流，自爲交易，不得重加稅率。」（全唐文卷七五）又陳懋仁泉南雜誌卷上云：「唐設泉州……參軍事四人，掌出使導贊。」據此可知泉州爲當時溝通海外出入之門戶。

其時南海舶中除波斯舶，婆羅門舶外，尚有崑崙舶往來於交廣及暹羅灣中。此等崑崙人據法國學者費瑯考證，謂即泰族未南下前居留暹羅南部湄南河下流之猛種，且其人多爲有經驗之水手。（馮承鈞譯西域南海史地考證譯叢續編一〇二頁）而崑崙奴即居暹羅境內鬈髮黑身之尼格利陀族（Negritos），黃衷海語載有「蝙蝠」一種名，殆爲崑崙二字之對譯。海語蓬蓬奈條云：

蓬蓬奈，義爲破肚子，蓋果實也，產于暹羅之蝙蝠。

又猿條云：

猗人屬，產於暹羅之蝙蝠，短小精悍，圓目而黃睛，性絕專鷙，不識金帛，木居如猿猱，古樹崇衛者，率數十巢。蓋舉族所聚也。語啁嘤不可辨，山居夷獠每詐其性，常馴擾以備驅使，豢以歛絮，食以鹽鰕、飲以濁酒，即躍然喜，似謂得所主者，舉族受役，至死不避，雖隔世不更他姓。

此所謂猺人，即尼格利陀人。伊凡思（I.H.N.Evans）所著馬來亞之尼格利陀人（The Negritos of Malaya）所敍其人之體貌性情，居處飲食，皆與猺語相符合。此種族在暹羅境內，居於董里（Trang）至巴達龍（Patalung）一帶山林間，暹人稱之爲 Ngok，即鬈髮之意。舊唐書卷一九七南蠻傳云：「林邑以南，皆卷髮黑身，通號崑崙。」崑崙即尼格利陀人所居之嶇嶁也。以其人性誠愨，易馴爲奴，故號崑崙奴。其時航行於中國及暹羅灣中之海舶，稱崑崙舶，或即由於舶中多用崑崙奴故也。

日人桑原隲藏所著蒲壽庚之事跡第二章注二十八引唐中世所作蠻超傳曰：「波斯人向師子國取寶物，赤向崑崙國取金，亦汎舶漢地，直至廣州取綾絹絲錦之類。」南海諸國向以產金著名，元初秦族所建之國名湛，梵文之意義，即爲產金之國。（王又申譯暹羅古代史第一章。）

崑崙奴，新唐書南蠻傳又稱僧祇奴。隋時赤土國之都城名僧祇，通典卷一八八赤土國謂：王居僧祇城，亦曰師子城，赤土國乃今暹羅西南之一部，然則崑崙國亦在今暹羅境內矣。

唐戒律鑑眞行紀（七四九年）謂在廣洲珠江中有婆羅門，波斯，崑崙舶無數。資治通鑑唐紀十九，光宅元年條云：「秋七月戊午，有崑崙袖劍直登聽事，殺（廣州都督路）元叡及左右十餘人而去。無敢近者，登舟入海，追之不及。」崑崙殺都督及左右竟多至十餘人，而無敢近者，可見其人數必衆，又可想見當時來廣州貿易之崑崙舶甚多也。

除外舶來中國貿易外，中國商船亦有往南海貿易。中國當漢武帝時已有航海之樓船。元狩二年遣樓船將軍楊僕等從齊浮渤海討朝鮮。（史記卷一一五朝鮮傳）又元鼎六年秋南越叛，漢之水軍「出句章，浮海從東往」征討。（漢書閩粵傳）可見漢時北至朝鮮，南至廣東安南，已得海上航行之便利矣。則此種中國海船沿安南海岸南下至暹羅灣亦非難事。武帝時所遣使者，與譯長及應募者偕行，大抵乘中國商船而往。至暹羅灣，然後轉乘外國船，往印度，故曰「蠻夷賈船轉送致之。」所謂譯長，當爲南海諸國語言。由此亦可推測漢時當有中國人旅居其地，否則無從習其方言也。

唐宋時，中國船往來於南海及印度洋者頗多，自中國航向南海之貿易舟曰商船，自海外來華之互市舶曰市舶（見天下郡國利病書卷九三）亦曰蕃舶。外商則曰蕃商。然有時由中國往南海貿易之商船亦稱「蕃舶」或「往蕃舶」此等華商亦曰蕃商。宋史卷四四六蘇緘傳云：

州（廣州）領蕃舶，每商至，則擇官閱實其資，商皆豪家大姓，習以客禮見主者。

此云「商皆豪家大姓」，當爲中國商人，所謂「蕃舶」亦兼指中國「往蕃舶」，非僅指外舶也。又南宋王偁東都事略卷一百十蘇緘傳亦記其事曰：

（蘇緘）爲南海簿，廣州領市舶司。每海商至，選官閱實貲貨。其商皆州里右姓，至則陵轢官府，以客禮見主者。緘以選往，大商樊氏入見，遽升階就榻。緘捕繫杖之。樊氏訴於州。州將召緘，責以專決罰。

誠曰：「主簿雖卑，邑官也。船商雖富，部民也。部民有罪，而邑官杖之，安得爲專？」觀此文益爲顯明，所謂「州民右姓」「大商樊氏」及「部民」等語，明指華商，而非外商。可知當時華人之往南海諸蕃國貿易者不少也。

據桑原騭藏蒲壽庚之事跡第二章注三十引馬少地（Ma,condi）所記，自黃巢亂後（公元八八〇年間）至彼著書時代（九五〇年），即唐末五代間，阿剌伯商人東航者皆乘中國船。南宋至元，中國船航行於中國及印度間者益多，故外商乘中國船者亦愈多。周去非嶺外代答云：「中國船商欲往大食，必自故臨易小舟而往，……往返經二年矣。」（卷二故臨國條）又曰：「大食國（人）之來也，以小舟運而南行，至故臨國易大舟而東行。」（卷三航海外夷條）此蓋以中國商船形體重大，於波斯灣中航行不便，故須易小舟。惟抵抗風濤力強，故波斯人改乘中國船東航，利其平穩也。

宋以前，中國船之渡航南海者，其大小容量無明確之記載，至北宋宣和元年（一一一九年），朱彧著萍州可談卷二於此等中國海船曾詳記之。船之大者乘者可數百人。吳自牧夢粱錄卷十二江南船艦，則謂可載五六百人。船幅殆爲四角形。商人分占貯貨，人約數尺許，下以貯物，夜臥其上。每船有小舟若干。舟師夜則觀星，晝則觀日，陰晦觀指南針。又閩粵一帶往南洋之帆船，其船頭多塗以紅色或青色，故在汕頭稱紅頭船，在閩南則稱青頭船。據潮州附近一位八十四歲之回國華僑言：

憶余幼時，村內有紅頭船八艘，開往南北洋。北到天津上海，南往曼谷。北往時載潮柑，南行時運壹茶絲等貨。船之大者可坐二百餘人。自汕頭開行，約須一月方到暹羅。

在未有輪船以前，往暹羅及南洋各地者，皆坐此種帆船。

自晉至隋唐，往天竺之僧人多乘外船，但自唐中葉以後，大食人，阿剌伯人之東航者，元代奧陶力克（Odoric）及馬哥孛羅（Marco Polo）等外人往來中國印度間者，多乘中國商船。元典章卷二十二市舶二十二條，有蕃客乘中國船之規程。由此可見中國自法顯以後，代有進步，其構造設備載量，至宋元而臻極級，迥非昔比矣。元世祖注意海外，以國庫金造船，遣與海外通商。（元史卷九四食貨志）至明成祖時，命中官鄭和七次遠征南洋，聲威遠於印度洋以西諸國，而航海術亦愈進步。

第三節　歷代華人移殖暹羅之情形

中國渡航南海之商船，自唐代以後而漸發達，據此可以推知中國人之移殖暹羅及南洋各地者，亦必開始於此時，隨唐代之國威南播而拓殖。觀南洋各地稱中國為唐山，稱華人為唐人，謂華服為唐裝，而益可信。此種稱呼在暹羅華僑中尚慣使用。

北宋朱彧萍洲可談卷二云：

漢威令行於西北，故西北呼中國為漢，唐威令行於東南，故蠻夷呼中國為唐，崇寧間（一一〇二至一一〇六年）臣僚上言，邊俗指中國為漢唐，形於文書，乞並改為宋，……詔從之。

又卷二云：

北人（中國人）過海外，是歲不歸者，謂之住蕃，諸（蕃）國人至廣州，是歲不歸者，謂之住唐。

又南宋初江少虞編皇宋類苑卷七七引倦遊錄（南宋晁公武郡齋讀書錄卷十三有倦遊雜錄，元豐初，張師正撰，）云：

太宗洎明皇，擒中天竺王，取龜茲爲四鎮，以至城郭諸國皆列爲郡縣，至今廣州胡人呼中國爲唐家，華言爲唐言。

此種稱呼，至宋代已成習慣，雖經北宋徽宗詔改爲宋，仍未能改去，外人稱唐如故。明史卷三二四，眞臘國傳云：

唐人者，諸蕃呼華人之稱也，凡海外諸國盡然。

是明時猶稱華人爲唐人也，至今亦然。

在唐書中曾詳敍當時在暹羅所建墮和羅國之風俗，物產，該國於貞觀中曾遣使入貢，獻火珠，婆律膏等物。（舊唐書卷一九七，新唐書卷二二二下）是唐初與暹羅已發生政治關係。唐代國勢之强盛，不亞於漢，雖其發展重在東方高麗與西方突厥吐蕃，但觀太宗以璽詔優答入貢之墮和羅，墮婆登，訶陵等國，彼等有所求，皆與之，是其對南洋諸國亦甚注意，而欲羈縻之也。

唐代以前，中國與暹羅之交通固早已開始，然移民於其地，則尚無需要，蓋其時中國南部人口尚稀也。自秦始皇三十三年經略南越以後，除派中國官吏及士兵鎮守外，復謫徙民與越雜處。又遣女無夫家者萬五千人至越，（史記卷一一三南越尉佗傳）是爲中國人之首次南遷，自此與越人混同，經兩漢後，居住今之廣東，廣西及安南，東京等地之越人乃漸次中國化，於是彼等於海上人之素質上加入中國之文化與血液，而爲海上經商之民出現於東方矣。（藤田豐八中國港灣小史）

在北方，則自漢魏以來，東胡氐羌之內附者，多處塞內諸郡，屢因怨憤殺害吏民，徙爲中國患。至晉惠帝時，八王之亂作，宗室自相殘滅，於是北方異族得有蠢動之機。自懷帝永嘉五年（三一一年）以後，匈奴族劉曜，石勒，東胡族鮮卑，容氏慕，相繼入寇中國，盡得青、冀、幽、并、荆、徐，司、豫諸州。旋氐羌族符氏崛起於隴中，東向寇掠，戰勝慕容氏，西取涼州，南臨淮水。原居於此等區域（包括今河北、河南、山東、山西、陝西、安徽等省）之漢人，遂大受異族之蹂躪，流離轉徙，南下播遷，仕宦人家多渡江避難，稱爲「衣冠避難」，而普通人民則多成羣奔竄，號曰流人。此等避難之漢族，其南遷路線分爲三支：其中第一支多走向湖北、湖南一帶，亦有遠徙至廣西者；第二支則走向安徽，江西及閩邊一帶；第三支則走向江蘇浙江及福建北部。閩粵境內居民由是充實。文獻通考卷三一八輿地考，有云：

閩越遐阻，避在一隅，永嘉之後，帝室東遷，衣冠避難，多所萃止。

林譜閩中記亦云：

永嘉之亂，中原仕族，林、黃、陳、鄭四姓皆入閩。

今日散居大庾嶺南北，贛、湘、閩粵桂一帶之客家，亦自永嘉之亂開始南遷，至清同治間（一八六二至一八七四年）總計遷徙凡五次。（羅香林客家研究導論第二章）其他如隋唐之戍卒，陳政陳元光父子三十六將之所轄，皆爲漢族之遷居閩粵者。

唐末黃巢之亂，遭其殺掠者不下十省，就中以今日河南西南部，湖北東南部，湖南東北及東南部，廣西東南部，廣東中部及西北部，江西中部及北部，福建北部及西北部，安徽南部及西南部，受禍最烈。乾符六年曾攻陷福州，進寇廣州。（舊唐書卷二百下黃巢傳）因此棲息於大江南北之漢族，又有一部分向南遷移。時有壽州人王緒於中和元年（八八一年）佔據本州，並攻陷光州，被秦宗權表爲光州刺史，後爲宗權所躡，乃率光壽二州兵士五千人渡江入贛，經九江，南昌、虔州，於光啟元年攻陷汀漳二州。旋王緒爲王潮所殺，唐昭宗景福二年（八九三年）以潮爲福建觀察使。及王潮死，其弟審知代掌職權，至梁開平三年（九〇九年）遂被命爲閩王（宋周輝清波雜誌卷下）至是嶺、淮、汝三水區域之人民，又有一部分渡江南下，至汀漳依王潮兄弟。福建人口由是愈密。

自五代以後，閩粵人口漸繁殖，於是有向南洋發展之需要。當黃巢於乾符六年攻陷福州及進寇廣州之時，閩粵人民爲避禍亂，或已有一部分遷往南洋，惟是否有移居暹羅者，則不可考。

宋朝因東北與西北皆有強敵，屢爲國患，故立國後，專力經營南方，對北部則用和協政策，及金滅遼，長驅入寇，北地盡爲所陷，徽欽二帝皆被擄，高宗南渡，遂爲南宋。在此偏安期間，頗注意於南洋海上之貿易。市舶司之設，本始於唐，然猶以「市舶與商賈爭利殆非王者之體」，而不加重視。至宋則市舶收入甚豐，大有助於國販。天下郡國利病書卷一二〇。海外諸蕃入貢互市條云：

宋開寶四年置市舶司於廣州。……淳化二年始立抽解二分。……太宗立榷於京師，詔諸蕃貨至廣州，非出官庫，不得私相貿易，其後又詔非珍奇物皆縱市，俟又詔他物之良者亦聽市其半。大抵海舶至，徵其什一，而給其餘價值，歲入以數十萬計，頗有經費有助焉。

又曰：

南渡後，經費困乏，一切倚辦海舶，歲入固不少，然金銀銅鉛錢幣亦用是泄漏外境，而錢之泄尤甚。

與蕃商貿易，雖有利弊，然南宋國用依此收入，故頗獎勵人民往南海貿易。因海上交通發達，外人之留寓中國者頗多，此織中國人亦必有寄居海外者，其中亦有人旅居暹羅。南宋吳自牧夢粱錄卷十二有云：

若欲泛船外國貿易，則自泉州便可出洋。

由此可見南宋時出洋頗便易也。

宋時海船輻輳之處，首推廣州，次爲泉州，當時在泉州貿易之諸蕃國略同廣州。據宋趙彥衛雲麓漫鈔卷五，敍福建市舶司常到諸蕃國船舶，有謂：

眞臘亦名眞里富，三泊，綠洋，登流眉，西棚，羅斛，蒲甘國，則有金顏香等。

暹羅斛國於宋時已與中國貿易。藤田豐八謂眞里富頗爲 Sien ReaP 之音譯，係暹羅人稱柬埔寨首都 Angkor 之名。但宋史，宋會要均言眞里富在眞臘之外，諸蕃志謂眞里富爲眞臘之一屬國。馬司帛洛（Georges Maspero

）宋初越南中島諸國考云：「宋史謂在眞臘（吉蔑）西南隅之眞里富，余擬位置於 Pexaburi 一帶。…據通考及宋史，眞里富所部有六十餘聚落，似可證其在 Pexaburi 地域之中。」又宋史謂：「眞里富東南接波斯蘭，西南與登流眉爲鄰。」登流眉即丹流眉，伯希和以其地爲昔之 C,ri Dharmaraja，今之 Ligor。（交廣印度兩道考）是眞里富在今暹羅境內。可見宋時暹羅商人既有至廣州泉州貿易，則中國商人亦必有往暹羅貿易者也。

宋末元兵南侵，德祐二年（一二七六年）二月陷臨安，十月元兵從明州江西兩路進迫，景炎二年正月破汀州，宋臣文天祥，張世傑，陳宜中，陸秀夫等猶竭力抗。閩粵義民起而勤王抗敵者，前仆後繼。因此閩粵邊境成爲戰場。及元兵佔有其地，此等忠臣義民隨從帝駕，輾轉播遷，由閩入粵。宋帝昺曾駐節於潮州，潮人亦多參加抗敵。及敗績或由粵南流竄入安南，由此而往東埔寨或暹羅；或隨帝渡海至崖州，在崖山作最後之戰，及事無可挽救，乃冒險出海，而往暹羅及南洋各地。徐松龕校正瀛寰志略卷一云：

暹羅流寓，閩粵人皆有之，而粵爲多，約居土人六分之一。有由海道往者，有由欽州之王光十萬山穿越南境而往者。其地土曠人稀，而田極肥沃，易於耕穫，故趨之者衆。

是其所述華人移暹路徑正與上述相合也。

至元十四年十月，元將劉深以舟師攻昰於淺灣，昰走秀山，陳宜中入占城，遂不返。十九年三月昰欲往居占城不果，遂駐碙洲，四月戊辰昰殂於碙洲。（宋史卷四七瀛國公本紀附二王）。時宋人頗希望得南海諸國援助，暹羅關詐。宋史卷四一八陳宜中傳云：

宜中欲奉王奔占城，乃先如占城諭意，度事不可爲，遂不反。二王累遣使召之，終不至。至元十九年，大軍伐占城，宜中走暹，後沒於暹。此宋末大臣之亡命暹羅者也。沈敬之亦往占城，圖興復宋室，天下郡國利病書卷一二〇，引霍纓亭筆記云：

宋末沈敬之逃占城，乞其興復。占城以國小辭。敬之效秦庭之哭，而不得請，占城羈之而不臣，敬之竟憂憤發病卒。

又宋史卷四二二陳仲微傳云：

厓山兵敗，走安南，越四年卒。

宋季三朝政要附錄序云：自陳仲微始，宋末華人多移住安南。元軍入安南時，加入安南軍作戰。又鄭所南心史大義略敍：

諸文武臣流離海外，或仕占城，或婿交趾，或別流遠國。

由此可以想見宋人亡命海外者之衆。迨元兵攻安南，征占城時，比輩流離亡命之宋人，亦必如陳宜中之再走暹羅也。

宋代華人移居暹羅，殆有二事可作爲旁證：第一即續水滸傳記梁山泊諸英雄敗後，水賊首領李俊等率衆出海入暹。小說中之敍事固多出於虛構，然水賊敗後，不容於官，則冒險出洋，大有可能。第二，宋時中國頗盛行一種球戲，宋史卷一二一，禮志第七十四云：

打毬本軍中戲，太宗令有司詳定其儀，三月會鞠（毬也、漢書霍去病傳注云：「鞠以皮爲之，實以毛，蹴踘而戲。」）大明殿，有甬除地竪木東西爲毬門，高丈餘，……左右分朋主之，……親王、近臣、節度、觀察、防禦、團練使、刺史、駙馬、都尉、諸司使、副使、供奉官、殿直、[illegible]、內侍都命令，出朱漆毬，……帝再擊之，始命諸王大臣馳馬爭擊。

此種毬戲亦行於民間，故宋史又云：

又有步擊者，乘驢騾擊者，時令供奉者，朋戲以爲樂云。

據說此種毬戲今尚盛行於暹羅，而不見於緬甸及馬來半島，是殆由南宋遺民傳入者也。

當南宋理宗寶祐五年，（一二五七年）暹羅之蘇可泰王朝建立，其第三代王蘭甘亨（元史作敢木丁）曾於元成宗時二次親來中國朝貢，歸時招致工藝家及瓷匠之人至其國，是爲第一位暹王歡迎中國人往暹，此事亦曾見記載於暹史中。

元成宗元貞元年（一二九五年）周達觀隨使來柬埔寨，就所聞見而撰眞臘風土記，該書服飾條有云：

新唐人雖打兩頭花布，人亦不敢罪之，以其暗丁八殺故也。暗丁八殺，不識體例也。

可見當時中國之僑居眞臘者甚眾，其服飾雖異樣，而人不敢干涉之。法人伯希和（P. Pelliot）著眞臘風土記補註，對於此條加以注釋：

芬諾註云：暗丁爲 Min-tǎn（讀者 Man-dǎn）此言「不識」，八殺之對音似爲 Phasa，此言「語言」。至若用以表示法律習慣的獨一簡字，則爲 Chbăp，時特無八殺之對音可稽。

八殺一詞音確是Bhāsā，此字本義爲語言，可能係借自梵語，此種借詞在現代泰語中，我尚未見過。可是在暹羅語中保存。Pallegoix字典，Phas（=Bhāsā）係巴利語，其義云：「語言，方言，鳥聲，獸聲」，並引出下例。如Phas dek猶言「兒童講話」，Mai ru chak Phas猶言「言語不知」，用途觀所論之譯語，應同後一語相對。

據此，「暗丁八殺」一詞殆源出於暹羅語，因暹羅地方人慣如此呼華人不諳體例，此詞原本費解，竟成爲一俗語。由此推之，其時華人遷居暹羅必衆矣。

明初，蘇庫泰王朝降於南方阿瑜陀耶王朝，南北統一，總稱暹羅國。一三七七年暹羅世子昭祿群膺曾至南京朝貢，據暹史載，昭祿群膺亦如坤藍坎亨招致國外技術家人移遷。（暹羅古代史第三章）。昭祿群膺即王位，終其生與明廷修好。故當時中國人之遷居暹羅者亦必甚多。

暹羅國王之所以歡迎中國人移殖其地，推其原因蓋有三。第一，暹族南下佔據湄南河下流，爲時尚短，人口仍稀，故歡迎中國人居其地，以繁殖其人口，增長其勢力，使中國人與暹羅人結婚。第二，暹人初建國家，國基未固，總賴建設，觀暹羅諸王即位後，不從事征討，以擴張領土，但致力於整頓內政，可以知之，中國人在暹，多從事工商業，對於阿瑜陀耶京城之建設與繁榮，大有助力。第三，阿瑜陀耶王朝承速古台之後，其地原爲柬埔寨人所據，建立羅斛國。柬埔寨人受印度文化之影響甚早，故其文化亦較泰人爲高。暹羅國王爲減削柬埔寨人之勢力，特歡迎中國人居其國，以增長自己之勢力，蓋柬埔寨自古臣服於中國也。並歡迎中國文化之輸入，以抵拒印度文化。

四夷館考卷下暹羅館云：「其所用錢幣銀錢，皆買自中國。」是該中國商人多有往其地貿易者。瀛涯勝覽暹羅條云：「國（指暹羅都）之西北去二百餘里，有一市鎮名上水，可通雲南後門。此處有番人五六百家，諸色番貨多有賣者。……中國寶船到暹羅，亦用小船去做買賣。」此市鎮既通雲南後門，則雲南人必多來此貿易，亦必有因商業關係而旅居其地者。

在海禁未開以前，往南洋者，除牟利之商人外，多為政治犯，或曾為匪徒，或受人誣陷而在逃者。明成祖即位，當時擁戴惠帝一派人，或被殺，或被竄，其在本國不能立足者，惟有往南洋逃亡而已。永樂三年有南海叛民何八觀等，竄聚島外，竄入暹羅。明廷諭令暹羅國王毋納逋逃。六年其王即遣使送八觀等還。（明史卷三二四，及東西洋考卷二）是其例也。

當建文四年夏六月己丑，燕兵陷南京，宮中火起，多不知帝之所終，有云由地道出亡者，（明史惠帝本紀），有云欲留海外者（明鄭和傳），成祖欲追蹤之，故命鄭和出使西洋。但其真正之目的或不在此，而在彼，即如鄭和傳所言，「欲耀兵異域，示中國富強耳」。鄭和七次出使，每次「統領官兵數萬人，海船百餘艘」，（劉家港天妃宮石刻通番事蹟記，明嚴從簡之殊域周咨錄卷八暹羅有此文），於宣揚國威，大有功績，其使南洋華僑之地位增高，蓋明代對於海[illegible]，嚴禁國人通番下海，禁[illegible]私自下西洋者，[illegible]南[illegible]雖[illegible]無[illegible]增加。其往暹羅者依然不絕。[illegible]，有汀州人謝文彬因販鹽下海，飄入暹羅，仕至[illegible]也。（明史卷三二四暹羅）自為[illegible]後，暹羅國王不特歡迎中國人僑居其地，且任[illegible]人為官吏，[illegible]驗。多有

華人任之，參國政，掌財賦，頗爲暹人所尊敬。（陳倫炯海國聞見錄南洋記）

馬歡瀛涯勝覽暹羅國條云：

其俗凡事皆是婦人主掌，其國王及下民，若有謀議刑罰輕重買賣，一應巨細之事，皆決於妻。其婦人志量果勝於男子。若有妻與我中國人通好者，則置酒飯，同飲坐寢，其夫恬不爲怪，乃曰：「我妻美，爲中國人喜愛。」

是證暹人敬愛華人，而與華人相交爲榮。故華人亦樂居其地，前往者與年俱增。嘉靖十五年（一五三六年）黃衷著海語，卷一暹羅條云：

暹都有奶街，爲華人流寓者之居。土夷乃斂處水棚板閣，蔭以茭草，無陶瓦也。

又曰：

國無姓氏，華人流寓者始從本姓，再傳亦亡矣。

蓋華人與暹人締婚，所生子女既爲混種，遂多亡其姓氏。海語又云：

建寅之月，王乃命巫占方，命力者由勝方所向，掠人而剔其膽，雜諸藥爲湯，王濡足，象濡首，以作猛氣。凡用膽，華人爲上。

此殆視華人有勇氣，有膽量，爲暹人所欽羨，故暹王以爲華人之膽，即可有如華人之勇敢。又曰：

國人凡有鬱怨者，皆謁僧求咒。蠱咒，土夷遭者，非死即疾，若施諸華人，則不能害也。

華人爲邪術所不能害，是華人在暹人眼中直如神仙矣。

嘉靖間，中國海盜猖獗，西自暹羅大泥，東至日本，皆有此等海盜，往來絡繹，從事掠奪，兼行通商。日本富岡氏藏有明鄭舜功日本一鑑一書，敘嘉靖間，許一等之夥伴王直，挾中國貨往來於日本、暹羅，及西洋諸夷間。又傳葡人阿布奎基（Alfonso d'Albuquerque）佔取滿剌加時（一五一一年），乃託停泊該地之五艘中帆船載發喃多（Fernando）赴暹羅，可知中國帆船當時已往來於滿剌加大泥及暹羅等地，而早已有中國居留民矣。（藤田豐八歐勢東漸初期在海外之日本人）又嘉靖末年至萬曆間，剽掠浙、閩、粵海上之海盜，除許棟王直等外，尚有張璉、吳平、林道乾及林鳳等皆潮州人，後逃往外國，吳平逃於安南，林鳳逃入呂宋，而林道乾則逃往柬埔寨，後入暹羅。（見俞大猷與俊雲翼書，正氣堂集卷一）

一六四四年清兵入關，明末諸大臣立福王於南京，福王被擄，立唐王於福州，及唐王被害於汀州，又立永明王於肇慶，由滇而閩，而粵，而桂，不斷抗戰，更由桂入滇，最後且退入緬甸，直至永曆十六年（一六六二年）蒙塵爲止。斯時有不少忠義愛國志士離國，或遠走南洋，另圖發展，以便繼續反抗滿清之工作，如鄭成功之據台灣而獨立，天地會黨徒之盤據婆羅洲是也。朱之瑜（舜水）於明亡後，心懷故國，力圖恢復，曾乞師日本，日人諾之而師不果出，復奔走安南暹羅等地，亦無所成，卒客死於日本，是其亡命海外，與宋末陳宜中，沈敬之等之事跡略同也。其追隨永曆帝入雲南之人民，有一部分由雲南退入暹羅境內，在今暹羅北部，越南西部及緬甸東部一帶區域，昔爲小泰族故地，稱爲十二大泰，及孟番，其地之中國人即於清兵南下時，遷避於是者。此等華人有部分與泰人通婚，其子女之言語習俗，皆已暹化。其餘不與泰人通婚者，則獨聚居於山地，仍保存漢人之習俗。（許雲樵譯太平餘黨投暹始末記）又洪門會各派在暹羅華僑社會中甚發達，大抵皆於此時移入者。

清初因明朝遺臣尚有憑海外以抗者，沿海如浙、閩、粵各省，又常有海盜騷擾，海防吃緊，故清政府對於中國人出洋，嚴厲禁止，定有重刑，以處罰「私出外境及違禁下海者。」如大清律例載：

凡官員兵民私自出海貿易及遷移海島居住，耕種者，俱以通賊論處斬。州縣同謀故縱者斬，失察者革職，永不敘用。道府降三級調用，總轄文武之總督降二級留任，不轄兵馬之巡撫降一級留任，會議者均革職，拿獲別省出界奸民，十名以上，紀錄一次，百名以上加一級。如知情隱匿，守口官革職，揭開道府降三級調用，總督降二級留任，巡撫降一級留任，出留洋者，亦照此例議處。其船隻經過及買賣貨物之地方官，故縱，均革職。（大清律例卷第二十，兵律關律私出外境及違禁下海節）

康熙五十一年（一七一二）上諭，關於禁止南洋貿易一案，經九卿議決：

凡出洋久留者，行文外國，解回正法。

又雍正五年（一七二七年）上諭：

朕思此等貿易外洋者，多係不安本分之人，若聽其去來任意，不論年月久遠，伊等益無顧忌，輕去其鄉、而飄流外國者益眾矣。嗣後應定限期，若逾限不回，是其人甘心流移外方，無可憫惜，朕意不許令其復回內地。

由此可見清初禁止海外移民之嚴厲。然其時閩粵人之出海者仍夥，據李某筆記云：

乾嘉時（一七三六至一八二〇年），海禁森嚴，鄙（三都）人結隊偷渡至澳門，附舟往暹羅者，據私家所存之舊賬簿，即某姑嫂稱貸若干錢，某民行跡猶斑斑可考也。（陳達南洋華僑與閩粵社會四六頁）

乾隆時，中國與暹羅間之貿易依舊。

乾隆八年九月奉旨，暹羅國商人運米至閩，源源而來，其加恩之處，向當著爲常例。嗣後外洋貨船帶米萬石以上者，免船貨稅十之五，五千石以上者，免稅十之三。

十二年福撫陳大受奏請：閩商前赴暹羅販米，其國木料甚賤，應聽造船運回，給照查驗，報可。自是暹地商船，益便往來。

十六年閩督奏請，商人赴暹羅運米至二千石以上者，查明議敍賞給頂帶。上從之。（清朝文獻通考卷二九七）

是當時對於中國正當商人往暹羅貿易者，不但不禁止，且加以獎勵。其時華人之往暹者仍源源不絕。魏源海國圖志暹羅條云：

華人駐此娶番女，唐人之數多于土番。惟潮州人爲官屬，封爵理國政，掌財賦。

旅暹華僑中最著名者有鄭昭，其父潮州人，其母爲暹人，父子皆仕於暹。鄭昭於乾隆三十二年，以救暹國之功，被擁爲暹王。其與鄭昭同時稱王於暹屬馬來半島者，尚有一吳王。吳氏名陽，福建人，當鄭氏建國之初，由廈門入宋卡，征服馬來人而據有其地。吳氏死後，因諸子爭權，遂爲暹羅所併，任其子爲地方官吏，今其後嗣猶繼總偉云。（南洋華僑史九四頁）

公元一八四二年鴉片戰爭結局，我國與各國訂通商條約，海禁解除。一八六〇年中英天津條約續約第五款云：

戊午年（一八五八年）定約互換以後，大清皇帝允於即日降諭各省督撫大吏，以凡有華民情甘出口，或在英國所屬各處，或在外洋別地承工，俱准與英民立約爲憑，無論單身或願攜帶家屬，一并赴通商各口，下英國船隻，毫無禁阻。該省大吏亦宜時與大英國欽差大臣查照各口地方情形，會定章程，爲保全前項華工之意。（中外條約彙編）

既得中國政府明令准許，並得乘外國輪船之便，於是中國人之往暹羅及南洋各地者益衆。

凡由水路至暹都曼谷，然後北上散居各地者，暹人概稱之爲華人。惟南掌南部之人民對於由陸路南下之華人則稱爲胡。（此殆與蒙古人混稱）蓋中國人移居暹羅者有水陸二路也。

清咸豐年間，太平軍興，東南各省淪陷，洪秀全稱帝於南京，建太平天國。後爲同治中興諸臣曾國藩等所擊敗，洪秀全於同治三年（一八六四年）自殺，太平天國亡。其餘衆向西南潰退，其中一支約五千人爲延節國主吳先清之子吳阿忠所部，於同治七年（一八六八年）又起。吳阿忠年死，所部由其中黃崇英統率。黃崇英綽號黃輪四，後與劉義（後改名永福）不睦，遂分裂爲二部。盤輪四部用黃旗，劉義部用黑旗，故有黃旗軍與黑旗軍之稱。劉義所統黑旗軍曾助越人剿匪抗法，中法戰爭後，被奉召返國，後守台灣抗日。亦屢建功，至民國六年逝世。黃旗軍則於一八六八年降十二主泰，一八七三年又南下攻諸番。建大營於拱坎。遂佔湄公河沿岸重要城市，並擾鑾佛邦。於是暹羅史上遂有所謂四次征胡之役，即指暹羅抵抗太平軍餘衆南下之事。暹羅史家丹隆親王，著有征胡記，有許雲樵譯文，（載於南洋學報二卷三輯）改題爲太平餘衆投暹始末記。

黃旗軍自一八七五年盤輪四被清軍擒殺後，復分裂爲數部，仍屢進擾暹羅東北部，直至一八八六年因暹羅國委帥昭萬粹伐羅那羅他（Ciao Mun Vaijavaranakatha）之招撫，乃相率投暹，其歸暹係由一効忠暹羅之江西人作居間人。太平餘衆投暹始末記云：

丕婆代密跋底（Phra Savamibhakti Sayam Khetra）者，中國江西人也。其隨太平軍來，抑由別種原因而至則不詳。居猛屯（M. Theng），其人能作暹語，曾助猛來土司戰黃旗軍，後復助越中黃旗軍，頗著功勳，遂受封爲猛屯土司，稱「偽道」（Kaitong）。未既，偽道與猛來土司不睦，檳猛來土司將殺之，乃率衆入五六千總圍，時適丕毗跋部伐多羅北上勘繪地圖，偽道即乞降，願投効暹國，並引導丕毗部伐多羅勘繪地圖有功，遂得封丕婆代密跋底。

迨昭萬粹伐羅那羅他北上，作書遣丕婆女使密跋底持之往招撫王霸部，王霸即率所部投暹。不久，王湯部亦投暹。又有「江西人名宅緒勝者，昔有部衆約六百人，受庇十二主泰爲打手，厥後勢日薄，或居猛榛，或居猛拉，離猛屯約十二日行程，乃畏官軍將往剿之，老撾勝寧乘至猛屯，諭元帥乞降。元帥命之宣督，而後納之如舊例。」此太平軍餘衆投暹之經過也。

民國以後，因軍閥割據，內戰不休，匪徒滋擾，地方不靖，苛徵暴斂，人民生活艱難，生命財產既無保障，遷徙事業之發展。故每一次內亂，均增多出洋之人數。一九二四年，潮州人舉家南移者甚多，據統計每月移殖暹羅者約有二萬人，一年中即有二十四萬人，其數目之大實堪驚人。

由上所述觀之，華僑移殖暹羅，其出於政治原因者，約可分爲四期，即宋末元初爲第一期，明末清初爲第二期，太平天國亡後爲第三期，民國以後，內亂頻仍，地方不靖，爲第四期，每期皆有大量遷移。

除政治原因外，尚有其他原因，促使閩粵人民向南洋移殖，其中尤以經濟爲最大之原因。據陳達調查粵僑家鄉，若零五家中，其離國之因由於經濟壓迫者，佔六百三十三家，約佔百分之七十，由於南洋有親戚關係者一百七十六家，約佔百分之十九，出於其他原因者爲數較少。（南洋華僑與閩粵社會第十八頁）故出洋之華人大部分皆由於經濟壓迫，即個人因失業或無業，或家境貧困，人口衆多，皆爲驅迫人民冒險出洋之經濟原因。閩南及粵東一帶，田少山多，人口繁衍，每年本地出產之食糧僅能維持三四月，餘皆仰給外埠之輸入，故居民惟有向南洋發展，以減少經濟之威脅。據調查潮州八縣各鄉村之壯丁男子，百分之九十皆往南洋謀生。暹羅華僑亦以潮州人爲最多。

在海禁未解除以前，遷往南洋者多屬無業貧窮，勞工苦力，或行爲不正，爲鄉里所不齒之人，然此等人既冒賺出洋之後，多能發憤努力，勤險起家，迨積得巨資，攜回國內，買田蓋屋，誇耀鄉里，人皆羨之，謂爲發洋財。於是出洋發財成爲當地人民趨尚之一種風氣矣。自清政府之遷民政策改變後，即不再視出洋爲犯法，亦不再以番邦爲蠻夷之國。凡富有之家，讀書子弟，秀才舉人，均樂於出洋，蓋有大利可圖，莫不趨之若鶩也。且因暹羅素來重視華人，故華人之遷居暹羅者特多。迨清末以後，中暹間有輪船通行，移居暹羅之人數益衆。暹政府對於外人入境向無限制。清朝文獻通考卷三三三暹羅條云：

土人居蘆笈，惟華人構瓦屋，樓閣相望。

可見在暹華僑之衆多。同書同卷又引海國圖志云：

中國船赴其國（暹羅）者，歲百餘號，人五萬有餘，今一百四十萬人。

海國圖志作者魏源乃清道光時人，據此可知十九世紀初葉，中國人移殖暹羅者，年有五萬餘人，時在暹華僑已超一百四十萬人。此數目與一八五四年巴勒卦克斯主教所稱全暹人口六百萬，其中華僑佔一百五十萬人之數相符合。

至民國十三年，汕頭暹羅間直透輪船每週有二艘或三艘，當時每一輪船載千六七百人，每月統計約有二萬人，每年則有二十四萬人，其由暹羅返國者，不到三分之一，故每年移居暹羅之華僑實有十六萬人。若依此推算，十年有一百六十萬人，數十年後，在暹羅純粹中國人之數目即可超過暹羅全國人口之總數。因此引起暹政府之焦慮，一九二七年遂有移民律之頒佈。徵收入口稅暹幣五銖，連手續費共六銖五十丁。一九三一年修正移民律，增收入口稅爲十銖，連手續費共十三銖五十丁，又新徵居留費三十銖，離暹者應納回暹護照費五銖，限二年內回暹，逾期作新客論，一九三三年第二次修正移民律，居留稅增至一百銖，護照費增至二十銖，限期縮短爲一年，又規定不識字者不得入境，移民律如此之嚴，徵稅如此之重，其目的非他，即在限制華人入境耳。（參考東方雜誌三十二卷第十一號現代史料）

自是以後，中國欲殖民於暹羅，非常困難矣。一九三八年有海南島人企圖避免入口稅，乘帆船偷入暹境，致發生死傷人命案。由此亦可想見在未有輪船航行以前，中國人南渡，概乘帆船，不知經歷多少危險，其在海上遭遇風濤不測而犧牲者，亦不可計數。故今暹羅及南洋各屬之中國殖民地，乃我僑胞數百年來勇毅冒險之精神所成就之偉績，惜其地爲吾民所居，而其統治權則屬諸他人耳。且中國與暹羅始終未曾締約，亦無使領駐其地，以保護僑民。是以暹羅政府近年來之限制華人入口，壓迫華僑，而我國政府亦無從與之交涉也。

第四節　暹羅華僑之生活與教育

在暹華僑依語言之差異，分爲下列各幫：

（一）潮幫，　潮州屬各縣人；

（二）客幫，　梅縣惠州一帶人；

（三）廣府幫，　廣州及四邑一帶人；

（四）福幫，廈門漳州一帶人；

（五）海南幫，海南島人。

人數以潮州幫爲最多，客幫與廣府幫人數約相等，閩南及海南島人爲數較少。

華僑在暹羅之生活多從事商業，自零售商至批發商皆有。批發商數目雖小，但勢力頗大，暹都曼谷及各市鎮之商業大都歸華人經營。而小販富冒險性，常深入「山吧」與土人互市，全國各地皆有此等華商之足跡。

除商業外，尚有檣米業，當一八七九年湄南河上之檣米水車場共十一所，屬西人者五，華暹合辦者五，暹人獨有者一。迨十五年後，至一八九四年，增至二十三所，新增之十三所，均華人所有。至一九一七年曼谷之米檣廠有四十五所，其中三十四所皆華僑所經營。故西人及暹人之經營此業者並無發展，惟華僑之碾米廠則年有增加，由此可見中國人之善於經營矣。且不論其爲中國人經營與否，凡買入皆須經中國人之手，由各地買入糙米，搗白後運輸出口銷售。米爲暹羅對外貿易之主要物品，約佔其國輸出總額百分之六十四，居世界米之輸出第一位。但種稻者爲暹羅人，而關於米之經營運銷，則皆由中國人担任之。

木材爲暹羅次於米之主要輸出，以麻栗樹之木材爲最佳，華僑經營製木業者亦不少。又暹屬馬來半島西岸之採錫業，素爲中國人所專有。其他工業如鞋業，成衣業，木工，鐵工，馬車業，磚瓦業等，亦多由中國人經營。

從事漁業者，亦以中國人爲多，暹人僅居其小半。漁期每年自九月至十二月，捕獲之魚除銷售於市外，並以鹽製成鹹魚，銷售於各地。

華僑經營農業者較少，然在北碧府一帶種植烟草者亦有二三萬人，多屬廣東揭陽人。在暹種烟已有百餘年之歷史。

華僑能致富致富，不外由於個人能力所長，及勤勞節儉之結果。例如有一華僑，幼時家境極貧寒，當十七歲時，冒險往暹羅，在一家商號店舖充學徒，工資每月五元，後來略有積蓄自己在曼谷開店，經營米、京果、雜貨等。四十餘年中經過不少挫折、失敗、傷心、失望，經過掙扎奮鬪結果，成爲一富翁，積得資產百餘萬。又有一華僑，於民國初年往暹羅作苦工，後與暹羅王府中一侍長官相識，由其介紹，得在王府內做買賣，後又承辦某處酒稅，獲利漸多，十年之內，積資二十餘萬元。復開設當舖及雜貨店，於是獲利益豐。（南洋華僑與閩粵社會一五六頁）

暹羅華僑致富後，多娶妻妾，實採「兩頭家」制，在中國及暹羅各有妻作家庭，其本人在暹或回國居，自謂兩家長。其妻多係在家鄉結婚者，其妾則多爲暹婦。暹羅女子目覩華僑節儉耐勞，樂於嫁與，嫁後可以終身有靠。附帶男子方面，則因遠居異國，不諳暹語習慣，娶一暹婦，既可破除寂寞，且可得一有力之助手，故在暹娶妾，其家中髮妻亦多能諒解。

華僑發財後，多匯款回國，購田置產，建造大廈，誇耀鄉里。凡富有之家，都欲建大屋、祠堂、書齋、坟墓，因大屋住人，祠堂崇祭，書齋設教，坟墓敬親，皆有光前裕後之意。致富華僑，人生大事方算完成，否則不能稱爲榮歸也。

華僑子女僅學習本國語言文字及歷史地理之知識，固以在幼時從國祖國受教育為佳。但有種種不便，華僑又不願盡其子女入暹羅學校，於是順應時勢之需要，而努力興學。最初創立華僑學堂，自民國元年以來，暹京內外華僑學校次第設立，至一九三二年而極盛。

華僑因在經濟上佔有優越勢力，及其與暹人有血統之關係，向來為暹政府所重視，在法律上直被視為暹國人民，亦受平等之待遇。故以前暹羅華僑之生活與教育均不受限制。僑校中教員與學生之生活，如言論結社等，皆極自由。且以中文教學，不必習暹文，校中行政概不受暹羅教育部之干涉。惟自暹羅第六世王以後，其對待華人之政策顯有轉變。至民國四年中國「五四」運動發生，進行反抗帝國主義，暹羅華僑學校之風氣亦直接受國內教育思潮之影響。但暹政府由於英日兩國之脅迫，乃開始監視在暹華僑之愛國運動，進而干涉華僑教育。

一九一八年七月暹羅政府開始頒佈民立學校條例，規定華人辦學須向暹政府教育部註冊，校長須有暹羅高中二年資格，教員須於入校就職之日起，學習暹文，每半年舉行考試，不及格者，不得繼任教師之職。學生每星期須習暹文三小時以上，訓練目標須激發其忠愛暹國之心。學校不得教授有關政治之功課，違背條例者，暹政府得隨時封閉之。

自一九三二年暹羅政變以後，乃頒佈強迫教育條例，規定兒童自七歲至十四歲，一律應受強迫教育。根據此項條例，華僑學校不得招收十四歲以下之兒童，即凡在十四歲以下之華僑子女，皆須進暹羅學校，違者罰其父母。旅暹華僑為此請願於暹羅人民黨，力爭華僑教育權，而無效果。一九三四年一月以來，暹政府藉口華校辦理不善，被封閉八十餘校。

一九三五年十一月暹政府復頒佈新強迫教育條例，規定從八歲至十四歲兒童，應受強迫教育。華人子女同受此條例支配，雖在華僑學內亦另設強迫班，及另聘任暹羅校長。所授學科以暹文爲主。後經華僑奔走請願結果，一九三六年三月暹政府始將強迫班課程及每週各科教學時間重新編配，將中文正式編入外國語科，作爲選修科，其每週教學時間，計暹文必修爲二十一小時半，中文則祇有五小時半。至於強迫班之中文教員，除須諳暹文外，且須具有初中畢業資格。因此中文教員因資格不合，不准註冊，而被迫去者甚多。（見體仁南洋各屬之教育制度第二章）

暹羅華僑所辦學校，在全盛時代有六百餘所，自一九三三年嚴厲執行強迫教育條例，二年之中，被封閉八十餘校，取消強迫班及自動停閉者二百餘校。一九三七年七月又施行民立學校新法令，限制更爲嚴厲，對於教科用書，及師資問題，均與華僑學校以極大之不便。暹政府干涉華僑學校如此苛嚴，迫令華僑子女入暹校，習暹文，其宗旨不外使華僑同化於暹人，効忠暹羅，而忘記中國耳。

暹政府對於華僑所經營之工商業亦設立種種苛例，徵收重稅或限制營業，而完全取締。一九三三年內務部長鑾巴立曾草定新經濟計劃，欲實行經濟統制，將各種工商業收歸國營，因遭一部人反對，並未實行。但次年九月暹政府又計劃大規模之國營事業，企圖攫奪華僑龐大企業之「支配。」暹羅自民黨執政以來，華僑屢被歧視，備受壓迫。華僑向來在暹羅之優越地位，與生活上之自由，至此乃漸被剝奪，而不得安生矣。

即從事農業之華僑亦同樣受壓迫，例如居住暹羅北部之華人，多以種植煙草為生。從前種煙無稅，今則徵收重稅。種煙農戶須向政府報告種煙株數，并預計當年之收穫量，歸政府收買。如所收者不及所報數量，則認為私自偷賣，必受重罰，罰款必至二三百暹幣，並須受監禁一年。但少報株數，查獲亦有罪。所產煙草祇能賣與政府，不准私售。種煙之地例須三年一換，以息地力。但暹政府限制華僑，不准再領新地。民國二十八年北碧萬磅一帶之種煙華僑，因不堪此種苛待，經由緬甸景棟返國者甚衆。（中緬邊境印象記，時事類編特刊五五期）

總而言之，近年來暹羅政府對於華僑所舉辦者，不論何種事業，均加以壓迫，有意取締之，或加重稅收，迫其自動結束。此蓋出於暹政府有計劃之排華政策，欲減少華僑在暹羅之勢力，一方面限制中國繼續移民，一方面又不讓在暹華僑自由繁殖與發展。自中日戰事發生後，因日人之離間與挑撥，暹羅排華舉動，更變本加厲。在暹華僑愈感勢孤而無保障，遂不得安居矣。

華人移殖暹羅之歷史既久遠，人數又衆多，其對於暹羅之統一及近代國家之建設，大有助力。蓋元代以前，暹羅原為各部落割據對峙之局面，及泰族建國，歡迎華人移殖，使暹羅人口得以充實，加強泰族之勢力，藉以統一並峙之部落，是其有功於暹國之統一者一也。經濟為建設國家之命脈，華人在暹經營工商業，將暹羅之土產輸出，發展國內外之貿易，並振興手工業及新式工業，一方面加增國民之財富，一方面使暹羅國家經濟富裕而繁榮，此其有功於暹國之富庶者二也。以前暹羅人之生活方式甚為簡陋而野蠻，迨華人至暹，教暹人如何服飾烹飪，建造屋宇，改良居住，此其有功於暹國之文化者三也。昔日暹羅水陸交通素不發達，自華人移居暹羅後，因工商業之經營進行，而使暹羅交通進步，不論內河沿海之航船，以及陸上之牛馬運輸，皆由華僑爲之開闢，即後來暹政府建築鐵路，公路，亦多賴華人之力，內河輪船及公路汽車，其資本與技術人才，殆皆華人包辦之。此其有功於暹羅之交通建設者四也。暹國人民多務農，居鄉間，各都市之形成，華人共佔百分之九十。此其有功於暹國都市之建設與繁榮者五也。以上五點，足見華僑之力量，與其對於暹羅建國之功績甚大。歷代暹王皆身受其益。故莫不重視華人，敬愛華人。乃暹羅現政府不思念及此，惟受法西斯黨之影響，高唱國家民族主義，竟藉採取排華政策，是誠所謂「以怨報德」矣。飲水應思其源，吾儕人宜負使暹人猛省者也。

結論

綜觀前面所述，知中暹關係向稱密切。中暹交通可遠溯至秦之際，史未詳而疑似其地者，漢有邑盧沒國，三國時有林陽國，其明載於史籍，與中國發生政治關係者，隋時有赤土國，唐時有墮羅鉢底國，宋時有羅斛國，皆今暹羅之一部。

元初泰族在暹建國以後，屢遣使入貢。明初太祖統一南北，暹羅國於是建立，終明之世，奉表稱臣，朝貢不絕，中暹關係益深。清乾隆間，則有華僑鄭昭王其地，傳至今王朝皆與中國有血統之關係。故在政治上言，自暹羅建國，以至清末，皆為中國之屬國。就血統上言，暹羅民族雖其源非出於中華民族，然已滲入中華民族之血液，受中國文化之薰陶，實無異中華民族之一支也。

自唐宋以來，即有華人遷居暹羅，歷元明清一代，七百餘載，不斷移殖，迄今在暹華僑不下三百萬人，若并華暹混種而合計之，其數目實超過全暹人口總數之半，故暹羅實可視為中國之一大殖民地。

中暹關係之深，暹人亦自知之。暹王拉瑪七世於民國十七年二月嘗對於暹華僑言：「中國民族與暹羅民族可謂親屬，泰暹之二國民族血統已混血至不可分之勢，大多數高級官吏皆有中國血統，即朕本身亦含有華人血統。」然則暹羅固可視為中華民族之分國矣。中華二國正如母子之邦，理當互相親愛，彼拉瑪七世之言，乃在激勵華僑忠愛暹羅，蓋華暹血統關係已深，即「在暹華僑即是暹人」，弦外之音，殊可體味。

東亞之獨立國，除中國外，祗有日本與暹羅。按理而論，中、日、暹三國應當互相親睦，共同努力，以發展東亞。乃日本與暹羅昔日皆受中國之扶植者，今日反施轄侮中國，仇視華人，良可嘆已。近年來暹羅政府之排華舉動，層出不窮，愈演愈烈，種種壓迫，幾使在暹華僑不能安居，且拒絕與我國締約，及互換使節，藐視中華，其桀傲之態度，更令人難堪。

暹人常謂唐代之南詔即其祖國，中國之南部乃其故鄉。苟如其言，則暹人既被迫而南遷，或將待機而北返。暹政府於一九三九年改名泰國，提倡泛泰族主義，即不論何地之泰語族人民皆須忠愛泰國。泰語族人民散居於中國之西南部，緬甸之南部及越南之東京與老撾等處，是暹羅之野心勃勃，實與日本相類似也。今其更與日本狼狽爲奸，受日本之驅使，則將來北犯，侵略中國邊境，大有可能。是以吾國人不可不預爲之防也。

當暹羅更改國名時，其發言人鑾威集廣播演說，誇大宣稱，謂泰族有三千六百五十萬人，其中居住暹羅者僅一千三百萬人，而居住中國雲南、廣西、廣東、貴州、四川等省則有一千九百五十萬人，據云：此數係根據陶德氏（Dodd）泰民族（Tai Race）一書。但原書謂中國有泰族六百七十五萬人，而陶氏所引數字與陶德氏所估計者不符，不知何故？陶氏又稱：「余廣播之目的在喚醒泰族人對於自身之自由獨立而感到需要，並從而合作，使泰族臻於永遠繁榮之境。」由此可見暹羅政府之用心矣。實則除雲南之五十餘萬擺夷外，（據陶雲逵一九三四至三六年調查，估計爲五四九、二一五人，約佔雲南全省人口百分之四。六六）其他如廣西，貴州，及海南島之一部說近似泰語之少數民族，皆與暹羅泰族無何關係，且此等民族不自稱爲泰人，但皆已同化於漢族，與漢人無別矣。余在第二章曾詳敘之，茲不贅述。

本年（一九四二年）五月二十七日曼谷紀年報發表泰國建築新都計劃，新都名撒爾斯布里（Sarsburi）。據該計劃第一步將建築道路，其次爲政府機關，最後爲住宅區。該計劃如告成功，則新都將爲遠東最大之都市云。暹羅計劃遷都，建設大都市，正所以表示其建設強大帝國之企圖。附述於此，願我國人注意之，共謀中國之富強，毋使落後，而爲跳梁小醜所欺凌。則幸甚矣。

中華民國三十三年三月初版

中暹關係史一冊

每部定價國幣一元七角

著者 黎正甫

發行人 華問渠

印刷所 文通書局 貴陽營[illegible]路七十一號

發行所 文通書局 貴陽中華路五一二號